WESTEND

Caren Lay

Wohnopoly

Wie die Immobilienspekulation
das Land spaltet und
was wir dagegen tun können

WESTEND

Mehr über unsere Autoren und Bücher:
www.westendverlag.de

Die Deutsche Nationalbibliothek verzeichnet diese Publikation in der Deutschen Nationalbibliografie; detaillierte bibliografische Daten sind im Internet über http://dnb.d-nb.de abrufbar.

FSC www.fsc.org MIX Papier | Fördert gute Waldnutzung FSC® C083411

ISBN 978-3-86489-373-5

Umschlaggestaltung: Buchgut, Berlin
Satz: Publikations Atelier, Dreieich
Druck und Bindung: CPI – Clausen & Bosse, Leck
Printed in Germany

Inhalt

Danksagung

Ich bedanke mich bei allen, die mich und meine Wohnungspolitik inspiriert und unterstützt haben. Mein Dank gilt meinem gesamten Team, insbesondere Susanne Bartholmes, Maximilian Becker und Hanno Bruchmann. Es macht Spaß, mit euch zu arbeiten! Ich bedanke mich bei meiner Familie, ihr habt den Grundstein gelegt. Ich bedanke mich bei allen, die nicht aufgeben, sondern für soziale Städte kämpfen.

Dieses Buch ist für euch.

Einleitung

Worum es geht

Millionen Menschen haben ein Problem: Die Mieten steigen rasant, die Wohnungsnot wird immer größer. Menschen werden ihre Wohnungen gekündigt, in denen sie Jahrzehnte gelebt haben, Familien finden kein Zuhause, Geringverdiener*innen arbeiten nur noch für die Miete und die Zahl der Wohnungslosen erreicht Rekordwerte.

In unseren Städten wird Monopoly gespielt. Wo Helgas Eckkneipe war, zieht Starbucks ein, Ahmets Späti muss einem Feinkostladen weichen. Wo früher Menschen in alten Lagerhallen tanzten, stehen nun Büros und Townhouses. Selbst in Kleinstädten kann man inzwischen von der Wohnadresse auf die Einkommensverhältnisse schließen. Hier die armen, dort die reichen Viertel. Die Verdrängung von Menschen mit wenig Einkommen ist schon lange spürbar, jetzt sind Durchschnittsverdiener*innen dran. Die Mietenkrise hat die Mittelschichten erreicht. Menschen, die viele Immobilien besitzen, dürfen sich hingegen freuen, denn sie werden immer reicher, ohne etwas dafür zu tun. Der Immobilienboom spaltet das Land.

Alle sind sich einig: Wohnen ist die soziale Frage unserer Zeit. Doch diese unselige Entwicklung hält ungebremst an und es gibt wenig Hoffnung, dass sich etwas ändert.

Wie konnte es dazu kommen, dass Menschen in einem der reichsten Länder der Welt Angst haben müssen, ihre Wohnung zu verlieren? Was treibt die Mietpreise nach oben und wer profitiert davon? Warum werden Mieterinnen und Mieter schutzlos Profitsucht und Gier von wenigen ausgeliefert? Und schließlich: Was können wir dagegen tun? Genau diesen Fragen möchte ich in diesem Buch nachgehen und aus dem Inneren der Politik berichten. Kaum ein anderes Thema ist im Bundestag – ja in der Öffentlichkeit – so heftig umstritten wie die Wohnungspolitik. Hinter unterschiedlichen Positionen stehen mächtige Interessen. Schließlich geht es um Geld, um sehr viel Geld. Und ja, auch die Lobby spielt mit.

Im Entstehungsprozess des Buches begann der Krieg in der Ukraine. Auf die damit verbundene Explosion der Energie- und Baupreise, die Ankunft von mehr Geflüchteten und die Inflation konnte ich nicht mehr im Detail eingehen. Dies alles wird die Wohnungskrise weiter verschärfen. Hinzu kommt die Notwendigkeit, auch in Gebäuden mehr für den Klimaschutz zu tun. Wir sitzen auf einer tickenden Zeitbombe. Ich bin überzeugt: Wir müssen jetzt handeln! Und wir müssen uns entscheiden: Gehen wir den gleichen Weg wie London und Paris, in denen sich nur noch Besserverdienende eine Wohnung in der Innenstadt leisten können? Oder schaffen wir es, dass unsere Städte sozial gemischte, lebenswerte Städte für alle bleiben? Es geht um viel. Um nicht weniger als um die Zukunft unserer Städte, um den Zusammenhalt unserer Gesellschaft. Wenn wir nicht bald handeln, ist es zu spät.

Wohnen wird zum Luxusgut

Früher hatte ich ein WG-Zimmer in Berlin Kreuzberg. In einer Nachbarschaft, in der die Mieten jahrzehntelang günstig waren, in der Rentner*innen, Student*innen, Arbeiter*innen und sehr viele Migrant*innen lebten. Kreative aus aller Herren Länder bereicherten die Nachbarschaft: Für wenig Geld in einer Hauptstadt leben, wo geht das sonst? Doch in den Nullerjahren geriet die bunte Mischung unter Druck. Das unsanierte und regelrecht heruntergekommene Haus wechselte in kurzer Zeit mehrfach den Besitzer. Statt einer kaltschnäuzigen, aber immerhin erreichbaren Hausverwaltung im Berliner Westen hatte man es plötzlich mit Briefkastenfirmen zu tun, hinter denen dubiose Adressen standen. Das Haus gammelte weiter vor sich hin, Reparaturen wurden nicht erledigt. Aber Mieterhöhungen wurden versandt, alteingesessene Mieter*innen herausgeklagt, Inkassofirmen klopften an die Haustür. Zuerst waren diejenigen dran, die sich am wenigsten wehren konnten: verarmte Rentner*innen und Migrant*innen. Auf Kiezversammlungen erfuhr ich: Das ist kein Einzelfall. Der ganze Stadtteil war ins Visier internationaler Immobilienspekulation geraten.

Diese Erfahrung war mir eine Lehre und sie ist es bis heute. Als ich in den Bundestag gewählt und Bundesgeschäftsführerin meiner Partei wurde, forderte ich bereits 2011 eine »mietenpolitische Offensive«, um derart aggressive Entmietungspraktiken zu unterbinden und den Sozialen Wohnungsbau wieder anzukurbeln. Ich stieß damit zunächst auf wenig Gegenliebe, ja fast Unverständnis. Wohnungspolitik war zu dieser Zeit kein Thema. Im Bundestag wurde es bestenfalls im Schutze der Nacht verhandelt, es galt als unwichtiges Nebengleis. Ausschließlich aus den Metropolen Berlin, Hamburg, München und Frankfurt gab es Zuspruch, weil sich dort die Probleme häuften. Doch dann ging es Schlag auf Schlag. Wie ein Lauffeuer breiteten sich Spekulation und Mieterhöhungen in der ganzen Republik aus. Nur wenige Jahre später bekam ich Hilferufe aus Passau und Dinslaken, aus Schwäbisch Gmünd und Greifswald.

Die Mietpreise in den Städten klettern steil nach oben. »Immobilienboom«, frohlockt die Finanzwelt. »Mietenwahnsinn«, sagen Aktivist*innen. Er hat das ganze Land erreicht. Wer sich eine neue Wohnung suchen muss, kann sich auf eine gesalzene Rechnung gefasst machen. In nur sechs Jahren, zwischen 2015 und 2021, stiegen die Preise für neue Mietverträge in Berlin um 44, in Heidelberg um 41 und im ohnehin schon teuren München um 32 Prozent.[1] Das alles wäre verkraftbar – doch den exorbitanten Mietsteigerungen steht eine Steigerung der Bruttolöhne von grade einmal elf Prozent gegenüber.[2] Am Ende des Monats zählt, was übrigbleibt. Der rasante Mietenanstieg bedeutet faktisch eine Lohnkürzung, eine schleichende Umverteilung von unten nach oben. Im Ergebnis muss ein immer größerer Teil des Einkommens für Wohnen ausgegeben werden. Wir empören uns heute gerne über die feudale Gesellschaft, in der die Grundstückspächter den Zehnten, also zehn Prozent des Einkommens, an den Fronherren abtreten mussten. Davon können Mieter*innen heute nur träumen. Die halbe Republik gibt bereits über dreißig Prozent des Einkommens fürs Wohnen aus. Es ist heute keine Seltenheit mehr, vierzig oder sogar fünfzig Prozent für das Wohnen zu bezahlen.[3]

Auch auf dem Wohnungsmarkt gilt: Die Schwächsten beißen die Hunde. Ärmere Haushalte geben heute entweder das ganze Geld für die Miete aus oder sie müssen einer wohlhabenderen Klientel weichen. In vielen Städten hat eine solche Verdrängungswelle schon stattgefunden, ist das innerstädtische Wohnen für Geringverdiener*innen nur noch dann leistbar, wenn sie einen alten Mietvertrag haben oder das Glück, in einer der wenigen Sozialwohnungen zu wohnen. Diejenigen mit mehr Geld verdrängen andere mit weniger Geld. Gentrifizierung wird das genannt. Längst sind auch die Mittelschichten dran: Wo früher Geld übrig war für Urlaub und Anschaffungen, vielleicht sogar ein Eigenheim, bleibt vielen nichts weiter übrig, als das halbe Leben für die Mietkosten zu malochen. Wohnen wird für immer mehr Menschen unbezahlbar. Wohnen ist nicht nur die soziale Frage unserer Zeit. Wohnen ist die neue Klassenfrage.

Auch der Traum vom Eigenheim rückt in weite Ferne: Die Preise für Eigentumswohnungen stiegen seit 2015 um über 56 Prozent,[4] die Preise für Häuser seit dem Jahr 2000 um 84 Prozent.[5] Das Aufstiegsversprechen der alten Bundesrepublik, dass man sich mit harter Arbeit und bescheidener Lebensführung das eigene Häuschen erarbeiten kann, ist für viele dahin.

Diese Entwicklung schlägt sich im Stadtbild nieder. Sicherlich hat es schon immer Stadtviertel gegeben, in denen Arme, und andere, in denen die besser Betuchten gelebt haben. Tragisch ist, dass die Situation sich verschlechtert. Soziale Durchmischung war gestern. Das Gesicht ganzer Stadtteile wandelt sich, seitdem mit Wohnungen wie mit Waren gehandelt wird.

It's the economy, stupid! Hinter der Mietenkrise steht das Kapital

Was steht hinter der rasanten Entwicklung der Mietpreise? Das beliebteste Erklärungsmuster ist: Immer mehr Menschen ziehen in die Städte. Ja, das tun sie. Nicht zuletzt, weil Arbeitsplätze und Infrastruktur in vielen ländlichen Regionen systematisch abgebaut wurden. Ein anderer Grund ist sicherlich, dass das Leben in der Großstadt kurze Wege, mehr kulturelle Angebote und mehr Freiheiten verspricht. Die sogenannte »Schwarmstadt-Studie«[6], die von der Wohnungswirtschaft in Auftrag gegeben wurde, war Stichwortgeber für eine weitverbreitete Theorie: Sie sieht eine zentrale Ursache für die aktuelle Wohnungsnot darin, dass gerade unter jungen Menschen ein Hype um bestimmte Städte entsteht. Kaum sei die neue Trendstadt ausgerufen, folgen Gleichaltrige wie die Lemminge denjenigen, die forsch vorangelaufen seien. Ein beliebtes Beispiel in diesem Zusammenhang ist immer wieder Leipzig, gerne auch Hype-zig genannt.

Ich leugne nicht den Zuzug vor allem junger Menschen in die Städte, insbesondere aus Ostdeutschland. Bedauerlicherweise wurde der Trend, in die Städte zu ziehen, politisch auch noch befördert. Allein in Sachsen wurden über tausend Schulen geschlossen und viele Hunderte Kilometer Bahnstrecken abgebaut, Jugendclubs, Kitas und Betriebe geschlossen. Der Gedanke, dass Lebensverhältnisse in Stadt und Land gleichwertig sein sollten, wurde in Frage gestellt. Ich unterstütze alle Bemühungen, das Leben im ländlichen Raum wieder attraktiver zu machen. Doch ich finde es geradezu perfide, wenn ausgerechnet diejenigen, die für den Abbau von Infrastruktur im ländlichen Raum verantwortlich waren – die sächsische *CDU* –, viele Jahre ihre Untätigkeit beim Neubau von Sozialwohnungen in Leipzig und Dresden mit dem hohen Leerstand auf dem Land gerechtfertigt haben.

Doch ist es alleine die Verstädterung, die die Preise in der Stadt ansteigen lässt? Unbestritten ist, dass zu wenig gebaut wurde, um den gestiegenen Zuzug unterzubringen. 2017 bis

2020 wurden im Schnitt weniger als 300 000 Wohnungen im Jahr gebaut,[7] nur 50 davon vom Bund.[8]

Was gebaut wurde, ging häufig am Bedarf vorbei. Neubau ist teuer. Nur ein Bruchteil der Neubauten ist für Durchschnittsverdiener*innen leistbar, die Mieten sind hier besonders hoch. 2014 standen 4,8 Millionen Haushalten mit kleinem Einkommen nur 2,9 Millionen bezahlbare Wohnungen gegenüber[9] und seitdem dürfte es nicht besser geworden sein.

Eine größere Rolle spielt jedoch die Tatsache, dass es immer mehr Single-Haushalte gibt: Die Bevölkerung wuchs in acht Jahren um 1,9, die Anzahl der Haushalte um 8,5 Prozent.[10] Auf diese demographische Veränderung hat die Baupolitik bis heute nicht adäquat reagiert. 1,4 Millionen bezahlbare Wohnungen für Alleinstehende fehlen.[11]

Aber reicht zu geringer und überteuerter Neubau allein als Begründung für den Mietenwahnsinn aus? Wohl kaum. Ich vertrete die These, dass die Spekulation mit Wohnraum die Mietenkrise verursacht. Das Problem entsteht auf den Finanzmärkten, die aus viel Geld noch mehr Geld machen wollen. Dieses Geld von Banken, Fonds und Investor*innen drängt seit Jahrzehnten auf den Immobilienmarkt. Und zwar genau dahin, wo die größtmögliche Rendite mit Wohnungen zu erwarten ist. So mag der Mietenanstieg in Leipzig von 42 Prozent in zehn Jahren nicht nur am Zuzug junger Menschen, sondern auch darin begründet liegen, dass hier viele auf steigende Mieten spekulieren.[12] Internationale Investor*innen reichen sich die Klinke in die Hand – und kaufen selbst Schrottimmobilien zu horrenden Preisen. Etwa 15 Prozent der Leipziger Wohnungen gehören inzwischen börsennotierten Wohnungskonzernen oder Fonds, weitere 15 Prozent großen privaten Unternehmen.[13] Die Wohnungskrise lässt sich nicht allein auf

Modeerscheinungen oder auf Zuwanderung reduzieren. Mindestens ebenso bedeutend ist die Gier der Finanzmärkte nach Profit. Kaum etwas hat sich dafür im letzten Jahrzehnt mehr geeignet als der Kauf von Immobilien. Hinter der Mietenkrise steht das Kapital.

Wie ist es dazu gekommen? Im ersten Kapitel werde ich zunächst die politischen Kardinalfehler der deutschen Wohnungspolitik beleuchten. Denn spätestens seit den 60er-Jahren läuft etwas falsch: Zunächst wurden mieterfreundliche Gesetze geschliffen. Im Zuge einer neoliberalen Wende wurde das Wohnen zunehmend dem Markt überlassen. Der Staat hat die Investitionen in sozialen und bezahlbaren Wohnungsbau heruntergefahren und ein bewährtes Grundprinzip über Bord geworfen: dass nämlich ein wesentlicher Teil der Wohnungen gemeinnützig bewirtschaftet werden soll, also zum Wohle der Allgemeinheit. Stattdessen wurde der Wohnungsmarkt spätestens durch Schröders Finanzmarktliberalisierung dem Profitstreben der Finanzindustrie ausgeliefert. Wohnungen wurden im großen Maßstab privatisiert, Banken und Fonds entdeckten »Betongold« als lukrative Kapitalanlage.

Das Wohnopoly konnte beginnen. Kapitel zwei beschreibt, wie riesige Wohnungsgiganten mit Wohnungen an der Börse jonglieren – und deren Mieter*innen vor der nächsten Mieterhöhung zittern. Illegales Geld spielt beim Immobilienboom eine große Rolle. Wer hätte es gedacht, gerade in Deutschland. Und die sozialen Folgen der Mietenkrise sind erheblich: Sie treiben das Land auseinander.

In Kapitel drei suche ich nach Gründen dafür, warum die Politik nichts dagegen tut. Welche grundsätzlichen und strukturellen Probleme sorgen dafür, dass sich die Interessen der Mieter*innen nicht durchsetzen, obwohl sie eine Mehrheit in diesem Land bilden? Warum sind die Interessen der Wenigen besser organisiert, wie setzen sie sich durch?

Im vierten und letzten Kapitel möchte ich schließlich einige Ideen formulieren, wie es anders und besser laufen kann.

1 Das Sündenregister der deutschen Wohnungspolitik

Mein Uropa soll jeden Abend, wenn er vom Steinbruch kam, in dem er als Pflastersteinschläger arbeitete, mit einer Flasche Bier und mit stolz geschwellter Brust vor seiner Doppelhaushälfte gestanden haben. Er hatte sie mit Unterstützung der gesamten Familie und einer Baugenossenschaft gebaut. Was heute als eher beengte Verhältnisse gelten würde, war damals purer Luxus: Innenklo und fließendes Wasser auf jedem Stockwerk. 30 Jahre zuvor kam er als Waise und als Habenichts ins Dorf. Seine Habseligkeiten sollen in einen Pappkarton gepasst haben. Und jetzt dieser Stolz, es nach zwei Weltkriegen, vielen Entbehrungen, harter körperlicher Arbeit aus den erniedrigenden Umständen heraus »geschafft« zu haben. Er wurde zum Vorsitzenden der Genossenschaft gewählt. Früher war er ein armer Kerl. Jetzt war er ein angesehener Mann.

Meine Uroma hatte noch keinen Feierabend. Doch harte Arbeit war sie gewöhnt. Mit 14 wurde sie in die Stadt geschickt, sie musste bei einer reichen Familie in Köln »dienen«. Ein gutes Zeugnis hatte ihr nichts genutzt. Schulgeld war nicht drin, für ein Mädchen schon gar nicht. Nach der Volksschule war Schluss. Nach dem frühen Tod der Mutter zog sie ihre acht jüngeren Geschwister groß, danach vier eigene Kinder. Jetzt kam ihre Chance: Das neu gebaute Genossenschaftsviertel musste versorgt werden. Sie setzte sich gegen den Widerstand und den Spott ihres Mannes durch: Sie eröffnete im Erdgeschoss einen Tante-Emma-Laden. Mit Anfang 50 verdiente sie endlich ihr eignes Geld. Sie war froh und zuversichtlich: Zehn Jahre später würde sie zum ersten Mal in Urlaub fahren. Ein halbes Jahrhundert später würden die Urenkel*innen ihren Traum verwirklichen: Abitur machen und studieren.

Meine Familie hat vom Genossenschaftswesen profitiert. Bis heute wird diese Geschichte gerne erzählt. Endlich dazugehören. Das kleine Haus, der kleine Laden, das kleine Glück. Das Funkeln in den Augen ist heute noch da. Der Grundstein war gelegt: Den Kindern und Enkelkindern würde es besser gehen.

Was sich heute wie ein Märchen liest, war damals keine Seltenheit: Mitte der 50er-Jahre wurden jährlich über 500 000 solcher Wohnungen gebaut. 500 000-mal kleines Glück. Überall im Land entstanden Siedlungen der Bergleute oder Eisenbahner, bauten die Städte, Arbeiter-Bauvereine, Genossenschaften oder die Betriebe.

Und heute? Solche Aufstiegsgeschichten sind selten geworden. Wer heute Arbeiter oder Haushaltshilfe ist, muss fürchten, aus seiner Wohnung zu fliegen oder an den Stadtrand verdrängt zu werden. Die Wahrscheinlichkeit, dass ihre Kinder Zugang zu höherer Bildung erhalten, ist gering, denn Bildung ist wieder mehr vom Geldbeutel abhängig. Die Enkel werden das Funkeln in den Augen nicht sehen, aber die Erfahrung von Demütigung und Verdrängung. 74 Prozent der Menschen haben heute Angst, ihre Wohnung zu verlieren.[1] Statt Aufstiegschancen machen sich Abstiegsängste breit. Warum lassen wir das zu? Was tun wir dieser Gesellschaft an?

Ich will damit die Vergangenheit nicht verklären. Die Wohnungspolitik der Nachkriegsjahre konnte die Stigmatisierung der Armen nicht beenden. Die Plattensiedlungen am Stadtrand, zubetonierte, autogerechte Städte – das würde man so nicht mehr tun.

Dennoch möchte ich mit einer Würdigung beginnen: Das Wirtschaftswunder war auch ein Wohnungswunder. Die Neubauleistung war enorm: 500 000 neue Wohnungen im Jahr. Per Handarbeit wohlgemerkt – mein Opa erzählte, er hätte jeden einzelnen Stein in der Hand gehalten. Von solchen Zahlen können wir heute nur träumen: Die Ampelregierung will jährlich 400 000 Wohnungen bauen. Das gilt trotz technologischem Fortschritt als ehrgeiziges Projekt und viele Expert*innen prophezeien das Scheitern. Die Wohnungs- und Obdachlosigkeit der Nachkriegsjahre wurde schnell gelöst, heute erreicht die Zahl der Wohnungslosen wieder Rekordwerte. Wohnstandard und -qualität machten binnen kürzester Zeit rasante Fortschritte. Heute macht die Modernisierung Wohnungen unbezahlbar. Und das Wichtigste: Eine Wohnung war kein Luxusgut. 1965 mussten nur sechs Prozent der Haushalte mehr als 25 Prozent des Einkommens für die Miete zahlen – das war bereits nach der Liberalisierung des Mietrechts und führte zu großer Empörung.[2] Heute zahlen in Hamburg 28 Prozent der Haushalte über 40 Prozent des Einkommens nur für das Wohnen.[3] Es blieb also deutlich mehr Geld übrig für Urlaube, Anschaffungen, die Ausbildung der Kinder. Geringe Wohnkosten galten in der Nachkriegszeit als hilfreich. Sie halfen, die Löhne gering zu halten – und damit dem Exportweltmeister Deutschland. Sie trugen auch zum sozialen Frieden bei, denn sie ermöglichten breiten Schichten die gesellschaftliche Teilhabe. Wir haben es schon mal besser hingekriegt.

Dieses »Wunder am Wohnungsmarkt« war »nur zu einem geringen Teil das Ergebnis der Selbstheilungskräfte der Marktwirtschaft. Eine umso größere Rolle hat in den Aufbaujahren die ›sichtbare Hand‹ des Staates gespielt.«[4] Es basierte nicht nur auf mehr Neubau, sondern viel mehr auf sozialen Prinzipien, die damals auf dem Wohnungsmarkt gegolten haben. Dazu gehörte eine öffentliche Mietpreisregulierung, eine gemeinnützige Wohnungswirtschaft, ein großer Anteil öffentlicher Wohnungen und hohe Subventionen in den Sozialen Wohnungsbau. Wie konnte es dazu kommen, dass dieses Erfolgsrezept preisgegeben wurde? In den folgenden Kapiteln möchte ich den Kardinalfehlern der deutschen Wohnungspolitik nachgehen und die Ursachen ergründen. Ich werde mich dabei auf die Instrumente der Bundesrepublik konzentrieren, die also in unserem Rechtssystem schon einmal da waren. Auf die Situation in Ostdeutschland gehe ich bei Gelegenheit ein.

I. Der Markt soll es richten – wie die Mietpreisbindung abgeschafft wurde

> »Ich leugne nicht, daß ich manchmal vor dem Mut des Kollegen Lücke doch etwas Angst bekam.«
> (Konrad Adenauer 1960 bei seiner Rede auf der Großkundgebung der Grundbesitzer)[5]

Adenauer hatte Angst davor, eine gesetzliche Deckelung der Mietpreise aufzugeben. Sein Bauminister Lücke musste die Abschaffung der Mietenregulierung fast gegen ihn durchsetzen. Nach heutigen Maßstäben wäre Adenauer vermutlich ein Sozialist. Denn »Sozialismus« lautete der Vorwurf, als der Berliner

Senat 2020 die Einführung eines sogenannten Mietendeckels beschloss. Die exorbitant gestiegenen Mieten in der Hauptstadt sollten per Gesetz eingefroren und sogar abgesenkt werden können. Vermieterverbände, die Immobilienwirtschaft und ein nicht unerheblicher Teil der Presselandschaft standen Kopf.

Heute halten wir es für normal, dass die Mietpreise sich, wie die Preise von Waren, durch Angebot und Nachfrage am Markt bilden. Doch das war nicht immer so. Die Begrenzung der Mietpreise durch Gesetz reicht lange zurück. Die erste Regulierung der Mietpreise gab es 1918 in Anbetracht der Wohnungsnot nach dem Ersten Weltkrieg. »Mieteinigungsämter« konnten die Mieten herabsetzen. 1922 begrenzte das Reichsmietengesetz dann die Mieten generell auf die so genannte Friedensmiete, also auf die Miete, die 1914 vor Kriegseintritt gegolten hatte. Dieses Prinzip gesetzlich festgelegter Mieten blieb im Prinzip die nächsten Jahrzehnte gültig.[6] Flankiert wurde die gesetzliche Mietpreisbegrenzung schließlich durch die wohlklingende »Preistreibereiverordnung« von 1923, die Mietwucher unter Strafe stellte.[7]

Auch in der Nachkriegszeit wurde daran angeknüpft. Faktisch galt ein Mietenstopp. Die Mieten wurden zunächst auf dem Niveau von 1936 gehalten. Für Neubauten wurde die Mietpreisbindung 1949 aufgehoben und für Altbauten nach und nach allerlei Zuschläge erlaubt.[8] Sie galt in der Bundesrepublik grundsätzlich für Altbauten bis Mitte der 60er-Jahre, in Hamburg und München bis Mitte der 70er- und in West-Berlin sogar bis Ende der 80er-Jahre an. Viele Protagonist*innen des Berliner Mietendeckels dürften sich daran noch erinnert haben. In der DDR galt eine gesetzliche Mietpreisbegrenzung auch für Neubauten.

Der Vermieter*innenlobby war die gesetzliche Mietenbegrenzung natürlich ein Dorn im Auge. Ihr Dachverband Haus und Grund drohte Adenauer schon 1954 damit, der *CDU* nicht mehr ihre Stimmen zu geben. Eine Änderung des Mietrechts zu ihren Gunsten scheiterte allerdings an Adenauer, er wollte nicht den Zorn der Mieter*innenschaft auf sich ziehen.[9] Erst sein Bauminister Paul Lücke sah seine Chance gekommen. Mit dem nach ihm benannten »Lücke-Plan« wollte er die freie Marktwirtschaft auch bei Wohnungen durchsetzen. Unter dem Begriff »Wohnungszwangswirtschaft« fasst er die berechtigte Kritik an den Zwangseinweisungen von Menschen in die noch vorhandenen Wohnungen der ausgebombten Städte einerseits mit der gesetzlichen Mietpreisregulierung andererseits zusammen. Nicht nur die Zwangseinweisung, sondern auch die Mietpreisbindung sollte durch das »Abbaugesetz« komplett abgeschafft werden. So wurde das Kind mit dem Bade ausgeschüttet. Der Markt sollte es von jetzt an regeln. Mietpreise sollten nicht mehr reguliert werden, sondern sich frei am Markt entwickeln können. Das klang zu dieser Zeit verheißungsvoll: »Ein solcher Markt hält auf die Dauer den Mietpreis zweifellos am niedrigsten«, frohlockte etwa *DIE ZEIT* in noch ahnungsloser Unkenntnis der heute erheblichen Folgen.[10]

Der »Lücke-Plan« war eine Art Masterplan, die gemeinwohlorientierte Wohnungspolitik um zu krempeln. Eigentum und Wohngeld statt gemeinnützigem öffentlichen Wohnungsbau. Markt statt Mietpreisregulierung. Der Lücke-Plan war alles andere als unumstritten: Es wurde gegen den Widerstand der Mieterverbände und zur großen Freude der der Vermieter*innen durchgesetzt. Auch die *SPD* und auch die Gewerkschaften rebellierten dagegen, selbst der Arbeitnehmerflügel der *CDU* musste durch Kompromisse auf Linie gebracht werden.[11] Die Rache der von Mieterhöhung betroffenen Menschen an der Wahlurne war so gefürchtet, dass die verschiedenen Stufen der Mietenliberalisierung im Gesetz so festgelegt wurden, dass sie die nächsten Wahltermine geschickt umschifften.[12]

Auch die Länder leisteten über den Bundesrat »zähen Widerstand«.[13] Der Kompromiss: Bis Ende 1963 sollte die Mietpreisbindung in 397 Kreisen aufgehoben werden. Sie galten als »Weiße Kreise« – Kreise ohne Wohnungsnot. Schätzungsweise zehn Millionen Menschen waren vom ersten Schritt der Mietenliberalisierung unmittelbar betroffen.[14] Hier war eine sofortige Mieterhöhung um 25 Prozent zulässig, unter Umständen sogar bis zu 35 Prozent. Auch in den meisten der übriggebliebenen 168 »schwarzen Kreise« fiel die Mietpreisbindung einige Jahre später.

Bedauerlicherweise wurde im Gesetz keine Vorkehrung für den Fall getroffen, dass der Wohnungsmangel wieder ansteigt – oder die reine Preisbildung am Markt sich doch nicht als Segen herausstellt. Die sozialen Folgen der Mietenliberalisierung waren erheblich. Schneller als erwartet stellte sich heraus, dass der Markt es eben nicht alleine regelt. Es kam »zu stark steigenden Mietkosten und einer wahren Kündigungswelle«[15] und in der Folge gar zu »politischen Unruhen«:[16] Medien berichten von einer Verdopplung innerhalb von zehn Jahren.[17] In jedem Fall war der Mietenanstieg enorm und mit ihm eine größer werdende Belastung mit Wohnkosten.

Hamburg wurde erst 1974 und München 1975 zum »weißen Kreis« gezählt. In der gebeutelten Frontstadt Berlin erfolgte die endgültige Liberalisierung erst 1987.[18] Der Widerstand dagegen war so groß, dass eine halbe Million Unterschriften gesammelt wurden. Selbst die *CDU* beteiligte sich.[19]

Nach den Gründen für die Abschaffung der Mietpreisbindung muss man nicht lange suchen. Dahinter stand selbstredend der

Wunsch der Hausbesitzer*innen auf höhere Einnahmen und das Kalkül der Politik, den Wohnungsmarkt für privates Kapital attraktiver zu machen.

»Die eilige Verabschiedung des Lücke-Plans ist nicht zuletzt auch das Verdienst der kräftig entwickelten Hausbesitzer-Lobby«,[20] das erste Paradebeispiel für erfolgreiche Lobbyarbeit in der Wohnungspolitik. Der Eigentümerverband Haus & Grund organisierte während des Gesetzesverfahrens eine Großkundgebung,[21] auf der selbst Kanzler Adenauer sprach. Der Vorsitzende des Verbandes Haus & Grund war niemand Geringerer als Lückes Vorgänger im Amt des Bundesbauministers, Dr. Victor-Emmanuel Preusker (*FDP*). Und der Geschäftsführer des Verbandes, Dr. Carl Hesberg, war zugleich Bundestagsabgeordneter der *CDU* sowie Vorsitzender des Wohnungsausschusses im Bundestag. An dieser mehr als offensichtlichen Verquickung von politischen Entscheidern und Lobbyinteressen nahm damals offenbar niemand Anstoß. Unverhohlen wurde in den Publikationen von Haus & Grund mehrfach darüber berichtet, dass die Wiederwahl von Dr. Hesberg in den Bundestag mit Hilfe von Wahlkampfspenden an die *CDU* abgesichert werden sollte.[22] Ihm ist zu verdanken, dass das Abbaugesetz im Eilverfahren durch den Bundestag gepeitscht wurde.[23] Später erhielt er von Bauminister Paul Lücke das große Verdienstkreuz mit Stern – vermutlich als Dankeschön.

Auch der Ehrgeiz Lückes mag bei der kompletten Aufhebung gesetzlicher Mietpreisregulierung eine Rolle gespielt haben. Der *Spiegel* mutmaßte, wenn ihm das Kunststück der Aufhebung der Wohnungszwangswirtschaft gelingt, »ohne dass Westdeutschlands *CDU*-Wähler rebellisch werden, dann rückt der ehemalige Schlossergeselle Lücke auf die Höhe des Wirtschaftsliberators Ludwig Ehrhardt auf«.[24] So weit kam es nicht. Anders als Erhard ist Lücke im Alltagsbewusstsein nicht mehr präsent. Aber immerhin gab es 1970 einen Ritterschlag zum Ritter vom Heiligen Grab.

Keinem der in der Folge eingesetzten moderaten Mittel wie etwa der (freiwilligen) Einführung von Mietspiegeln gelang es, den Mietenanstieg wieder zu stoppen. Auch nicht der 2015 beschlossenen »Mietpreisbremse«, die wenigstens die Explosion der Mietpreise bei neuen Mietverträgen abschwächen sollte. Bei der Beschlussfassung zur Mietpreisbremse 2015 kritisierte ich die zahlreichen Ausnahmen: »Dieser Gesetzentwurf ist ausgehöhlt wie ein Schweizer Käse und wird am Ende kaum eine Wirkung entfalten.«[25] Leider sollte ich recht behalten. In sechs Jahren Geltung der Mietpreisbremse stiegen die Mieten in Köln um 25, in Stuttgart um 31 und in Berlin um 44 Prozent.[26]

II. Wie der Profit über die Gemeinnützigkeit siegte – die Abschaffung der Wohnungsgemeinnützigkeit

»Segensreich wirkt sich [...] die von Bonn beschlossene
Abschaffung der Wohnungsgemeinnützigkeit aus:
Die Immobilien in den Problemgebieten sind nun leichter
an Anleger und Spekulanten zu verkaufen.«

(Der Spiegel 1988)[27]

Die Abschaffung der Wohnungsgemeinnützigkeit 1990 gilt vielen Expert*innen als der eigentliche Sündenfall der deutschen Wohnungspolitik. Sie besiegelte die Abkehr der Politik vom Gemeinwohl. Nicht nur wurden damit circa 1800 Wohnungsunternehmen von Kommunen, Genossenschaften und

Gewerkschaften die Steuervorteile und damit auch die Attraktivität genommen[28], auch ein wichtiges, seit Mitte des 19. Jahrhunderts geltendes Prinzip wurde über Bord geworfen: dass ein Teil des Wohnungsmarktes gemeinnützig bewirtschaftet wird und dass die Wohnungsunternehmen, die das tun, vom Staat belohnt werden.

Die Wohnungsgemeinnützigkeit war ein Erfolgsmodell: In Preußen 1840 eingeführt, erlebte sie in den 20er-Jahren der Weimarer Republik ihre erste Blüte. Und die junge Bundesrepublik schaffte es nicht zuletzt dank der gemeinnützigen Wohnungswirtschaft, die zerstörten Städte schnell wieder aufzubauen. Die Gemeinnützigen bauten circa 4,7 Millionen Wohnungen und stemmten damit 30 Prozent der neu gebauten Wohnungen, in einigen Städten sogar 70 Prozent.[29] Sie bauten 58 Prozent aller Sozialwohnungen.[30]

»Gemeinnützige Wohnungen« befanden sich zum überwiegenden Teil in Großstädten, in denen den Gemeinnützigen circa 30 Prozent aller Wohnungen gehörten, und beherbergten die rund acht Millionen Mieter*innen.[31] Herzstück der gemeinnützigen Wohnungswirtschaft war die sogenannte »Kostenmiete«. Verlangt werden durfte maximal das, was zur Abbezahlung und zum Unterhalt der Wohnung nötig war und eben nicht die Marktmiete, also der Preis, der auf dem freien Wohnungsmarkt durch Angebot und Nachfrage erzielt werden konnte. Außerdem wurde die Rendite auf vier Prozent gedeckelt. Mietpreis- und Gewinndeckelung wurde mit Steuererleichterungen belohnt. Das war der Deal.

Warum also wurde dieses erfolgreiche Modell gekippt? Und durch wen? Der Widerstand kam aus dem Bundesfinanzministerium. Schon Ende der 60er-Jahre wurden die Steuervorteile der Gemeinnützigen in einem Gutachten kritisiert. In den 80er-

Jahren machte die *Union* das Thema stark. Doch bis dahin sollte sie nur reformiert werden. Ein Gutachten des Bundesfinanzministers Gerhard Stoltenberg (*CDU*) von 1985 schlug erstmals die komplette Abschaffung der Wohnungsgemeinnützigkeit vor. Die Wohnungsgemeinnützigkeit sei überholt. Bezeichnend ist, dass der Kommission weder Vertreter*innen der Wohnungswirtschaft noch von Sozialverbänden angehörten.[32]

Dagegen gab es einen breit getragenen Widerstand. Der Gesamtverband der gemeinnützigen Wohnungsunternehmen (*GGW*) sprach sich in einer ersten Stellungnahme gegen eine Abschaffung aus,[33] der DGB und der Deutsche Mieterbund fürchteten das »Aus der sozialen Wohnungspolitik«.[34] Auch in der siebenstündigen Debatte im Deutschen Bundestag war das Vorhaben bei *SPD* und *Grünen* heftig umstritten. Der Bundesrat forderte zunächst, die Abschaffung der Wohnungsgemeinnützigkeit aus dem umfangreichen Gesetzespaket zur Steuerreform auszuklammern. Selbst der Bauminister der *Union*, Schneider, hatte noch im Oktober 1987 für die Beibehaltung der Gemeinnützigkeit votiert. Bei der Beschlussfassung des Gesetzes war er dann umgekippt.

Warum? Der Betrugsskandal des gemeinnützigen Wohnungsunternehmens des DGB, der »Neue Heimat«, gab den Befürworter*innen der Abschaffung Auftrieb. Der *Spiegel* deckte 1982 Korruption und Selbstbereicherung der Vorstände auf Kosten der Mieter*innen auf. Das Unternehmen war bankrott.[35] Ein Untersuchungsausschuss, den der Bundestag zur Neue-Heimat-Affäre eingerichtet hatte, wendete sich ausdrücklich gegen die Abschaffung der Wohnungsgemeinnützigkeit. Diese würde übersehen, »daß die Gemeinnützigkeit ... eine ›Garantiefunktion‹ für die Mieter besitzt«.[36] Doch das Image war ramponiert, die Stimmung kippte.

Und schließlich leistete die gemeinnützige Wohnungswirtschaft nicht den Widerstand, der erforderlich gewesen wäre. Ihr Verband, der GGW war gespalten. Eine Mehrheit lehnte die Abschaffung ab, aber die Regionalverbände Rheinland und Westfalen, die industrieverbundenen Wohnungsunternehmen, viele Genossenschaften und die katholischen Wohnungsunternehmen[37] waren dafür. Die Regierung kaufte sie mit umfangreichen Zugeständnissen beim Übergang in die Steuerpflicht. Man beschränkte sich auf Kritiken im Detail und bedankte sich allen Ernstes bei der Regierung für das Entgegenkommen.[38]

Was stand nun hinter der Abschaffung der Wohnungsgemeinnützigkeit? Vermutlich aus der Tatsache, dass die Wohnungsgemeinnützigkeit im Rahmen der Steuerreform abgeschafft wurde, stammt die heute weitverbreitete Ansicht, das sei aus finanziellen Gründen erfolgt.[39] Die umfangreichen Steuererleichterungen vor allem für Spitzenverdiener, Herzstück der Steuerreform von Bundesfinanzminister Gerhard Stoltenberg, sollten durch Subventionsabbau kofinanziert werden. Einmal davon abgesehen, dass dies ohnehin in keinem Verhältnis zu den erheblichen Steuergeschenken an Besserverdienende durch die Reform stand: Bereits bei der Beschlussfassung war klar, dass sich die Sache nicht rechnen wird. Die Mehreinnahmen würden schon bald durch steigende Ausgaben bei Sozialhilfe und Wohngeld übertroffen werden.[40] Heute wissen wir es: Die Aufwendungen für Wohngeld und Wohnkosten bei Hartz IV sind explodiert und betragen derzeit etwa 17,2 Milliarden Euro jährlich.[41] Das steht in keinerlei Verhältnis zu Stoltenbergs damaligem Versprechen, 100 Millionen DM jährlich mehr einzunehmen. Schwer vorstellbar, dass das akkurate Bundesfinanzministerium nicht in der Lage gewesen sein soll, die Folgekosten realistisch zu berechnen. Nein, finanzielle Gründe dürften schon damals lediglich als Vorwand gedient haben, das umstrittene Gesetz in einer Steuerreform zu verstecken. Die Abschaffung der Gemeinnützigkeit wurde vermutlich deshalb in die Steuerreform »eingeschnürt ..., weil ein separates Gesetz politisch nicht durchsetzbar gewesen wäre«.[42]

Was waren die »wahren Motive«[43], die bereits der Verbandsdirektor des GGW, Jürgen Steinert, vermutet? Schauen wir genauer hin: Schon beim ersten Angriff auf die Steuerbefreiung 1967 wurde gar nicht auf etwaige Steuerausfälle, sondern nur auf die »Wettbewerbsverzerrung« und die »Konkurrenzaktivität« zur Privatwirtschaft abgestellt.[44] Die weiteren Gutachten aus dem Finanzministerium von 1971[45] und 1985[46] folgten dieser Argumentation. Auch der Bundesverband Freier Wohnungsunternehmen e. V. (BFW) mahnte immer wieder die politische Bevorteilung der gemeinnützigen Wohnungsunternehmen an, die für sie faktisch einen Konkurrenznachteil bedeutet.[47]

Die kostengünstigen Mieten der Gemeinnützigen verdarben der privaten Wohnungswirtschaft die Preise. Hier liegt der Hase im Pfeffer: Die Gemeinnützigen verhageln den Privaten das Geschäft. Denn schließlich sparten die Mieter*innen der Gemeinnützigen schätzungsweise 600 bis 700 Millionen DM gegenüber vergleichbaren Wohnungen der Privatwirtschaft.[48] Vor der Abschaffung prognostizierte der Sachverständige Jan Kuhnert Mieterhöhungen im Umfang von 1,4 Milliarden DM jährlich[49] und der bayrische Mieterbund sagte eine Verdreifachung der Mieten voraus.[50] Was hier blankes Entsetzen ausgelöst hat, dürfte in den Ohren der Wohnungswirtschaft nach einer Verheißung geklungen haben.

Meine These ist: Es ging bei der Abschaffung der Gemeinnützigkeit nie um die Sanierung der Staatsfinanzen, sondern um die Gewinnabsichten der Wohnungswirtschaft. Sie war ein Angriff auf die günstigen Kostenmieten der Gemeinnützigen,[51] denn nur mit höheren Mieten lassen sich auch höhere Gewinne erzielen. Auch hier gilt: It's the economy, stupid!

Die Aussicht auf Mieterhöhungen nach dem Wegfall der Gemeinnützigkeit mag ebenfalls dazu beigetragen haben, dass auch die gemeinnützige Wohnungswirtschaft selbst ihren Widerstand eigestellt hat. Das galt z. B. für die Gewerkschaften mit ihrer maroden und durch den Betrugsskandal gebeutelten Wohnungsgesellschaft »Neue Heimat«. Die abzusehende Wertsteigerung der noch verbliebenen 41 600 Wohnungen der Neuen Heimat ließ den Widerstand der Gewerkschaften jedenfalls zurückhaltend ausfallen.[52]

Und siehe da: Nach Abschaffung der Wohnungsgemeinnützigkeit schnellten die Kurse der vom Dach der Gemeinnützigkeit befreiten Aktiengesellschaften rapide in die Höhe. Der Kurs der Aktie des Bau-Vereins zu Hamburg AG kletterte von 650 auf 1 500 Mark und die Aktien der Gemeinnützigen AG für Wohnungsbau in Köln stiegen von 800 auf 1 900 DM.[53]

Ob erhebliche Mietsteigerung oder Verkauf kommunaler Wohnungen – es gab übrigens keine Folge der Abschaffung der Wohnungsgemeinnützigkeit, die nicht vorhergesehen worden wäre. »Gut für die Eigentümer, schlecht für die Mieter«, kommentierte etwa der *Spiegel*,[54] Reiner Wild sagte in der *taz* den »Bankrott sozialer Wohnungspolitik«[55] voraus. Hätte er sich nur geirrt.

III. Rot-grüne Steuergeschenke – wie Fonds und Konzerne den Wohnungsmarkt stürmen konnten

»Mitten in der Nacht klingelte das Telefon bei Jörg Asmussen. Der Anrufer aus New York, ein Angestellter der Investmentbank Goldman Sachs, wollte von dem Referenten des deutschen Finanzministers wissen, ... ob es stimme, dass deutsche Kapitalgesellschaften künftig keine Steuern mehr auf die Gewinne zahlen müssten, die sie beim Verkauf von Aktienpaketen oder ganzen Tochterunternehmen erzielen. Der Beamte bestätigte die Information.«[56]

An die Unternehmenssteuerreform von 2000 kann sich heute kaum noch jemand erinnern. Ein Zusammenhang mit Wohnungspolitik wird erst recht nicht hergestellt, vermutlich, weil auch diese Entscheidung auf dem Feld der Finanzpolitik getroffen wurde. Doch dieses »Steuersenkungsgesetz« war ein wichtiger Schritt, die Spekulation mit Immobilien zu befördern. Die Abschaffung der Wohnungsgemeinnützigkeit schuf zwar die Grundlage, sie machte städtische Wohnungen zu einer handelbaren Ware. Doch richtig losgetreten wurde die Privatisierungswelle erst zehn Jahre später: durch das Steuersenkungsgesetz. Ich zähle es deshalb als dritten großen Kardinalfehler der deutschen Wohnungspolitik.

Dem Finanzkapital wurde gewissermaßen der rote Teppich auf dem Weg zur Spekulation mit Mietwohnungen ausgerollt. Von konservativen, wirtschaftsnahen Parteien? Keineswegs. Es war ausgerechnet die rot-grüne Bundesregierung unter Gerhard Schröder, die dafür sorgte, dass der deutsche Mietwohnungsmarkt zum Eldorado für Finanzmarktspekulation wurde.

Worum ging es? Erneut sollte der Spitzensteuersatz gesenkt werden. Im Kontext der Wohnungspolitik ist nachfolgende Passage relevant: »Im Rahmen der Unternehmenssteuerreform sollen Gewinne aus der Veräußerung von Beteiligungen bei Kapitalgesellschaften freigestellt werden, weil Dividenden aus diesen Beteiligungen steuerfrei sind und die Veräußerung einer Beteiligung einer Totalausschüttung wirtschaftlich gleichkommt.«[57] Mussten Sie diesen Satz jetzt zweimal lesen? Das dürfte allen so gehen, die nicht Steuerberater oder Bänker sind. Die Kompliziertheit der Materie mag dazu beigetragen haben, dass diese folgenschwere Entscheidung weder bei den meisten Abgeordneten und Journalist*innen geschweige denn der Zivilgesellschaft für nennenswerten Widerstand sorgte – jedenfalls nicht in Bezug auf die Entwicklung des Wohnungsmarktes. Es bedeutete, dass Gewinne aus dem Verkauf von Aktienpaketen oder Tochtergesellschaften steuerfrei wurden. Das machte die Privatisierungen von ehemals gemeinnützigen Wohnungen erst richtig attraktiv. Angelockt durch diese großzügigen Steuergeschenke geriet der deutsche Wohnungsmarkt ins Visier internationaler Finanzspekulation. Die weitere Liberalisierung der Finanzmärkte und die Zulassung der Hedgefonds auf den Wohnungsmärkten in den Folgejahren taten ihr Übriges: Fonds konnten den Wohnungsmarkt entern, die Immobilienparty konnte beginnen.[58]

Sogenannte »Private-Equity-Fonds« spielten bei den großen Privatisierungen eine entscheidende Rolle. Sie mussten dank der Reform faktisch keine Steuern mehr zahlen[59] und ihr phänomenaler Aufstieg konnte beginnen – bis dahin fristeten sie in Deutschland lange ein Schattendasein. Jetzt wurden sie der »Stoßtrupp«[60] der großen Privatisierungen öffentlicher Wohnungsbestände. Sie wurden wegen ihrer aggressiven Attacken auf marode Unternehmen »Geierfonds« genannt. Sie kauften die Wohnungen im großen Maßstab, um kurzfristig maximale

Rendite rauszuschlagen. Nach kurzer Zeit wurden sie mit Gewinn wieder abgestoßen, den sie dann nicht versteuern mussten. Diese Fonds brachten das notwenige Kapital mit, um Staat und Kommunen die riesigen Wohnungspakete abzukaufen. 2010 besaßen sie schon ca. 850 000 Wohnungen.[61] Sie erzielten Traumrenditen von im Schnitt 20 bis 30 Prozent und bereiteten Wohnungskonzernen wie Deutsche Wohnen und Vonovia den Boden, in deren Händen die Wohnungen nach einigen Jahren landeten.[62] Später gelangten sie in die Hände von Wohnungskonzernen wie Deutsche Wohnen und Vonovia, die sich häufig aus den Fonds herausentwickelten. Im Ergebnis führte es dazu, dass »überwiegend angelsächsische Finanzinvestoren der Nullerjahre den komplizierten deutschen Wohnungsmarkt aufgebrochen und mundgerecht zerteilt«[63] haben.

Nehmen wir z. B. die bekannte Privatisierung des kommunalen Berliner Wohnungsunternehmens GSW. Zunächst kaufte der Private-Equity-Fond Cerberus die Bestände, später gelangten sie in die Hände der Deutsche Wohnen. Der inzwischen größte deutsche Wohnungskonzern, Vonovia, ist wiederum aus der Deutschen Annington hervorgegangen, einer Tochtergesellschaft eines Private-Equity-Fonds Terra Firma Capital Partners.[64]

Genau jene Fonds, die mit aggressiven Übernahmen Mieter*innen und Beschäftigten das Fürchten lehrten und bei den überwiegend institutionellen Anlegern für satte Gewinne sorgten, geißelte der damalige *SPD*-Vorsitzende Müntefering 2005 als »Heuschrecken« und trat eine bundesweite Diskussion los. Umso unverständlicher – oder besser gesagt skandalöser – ist es, dass es genau seine Partei war, die diese »Heuschrecken« überhaupt erst auf den Markt gelassen und ihre Entwicklung steuerlich gefördert hatte.

Ebenso skandalös ist es, dass der Staat in diesen umstrittenen Fonds selbst mitmischte. Während in den 90er-Jahren nur etwa fünf Prozent der Finanzmittel dieser Fonds vom Staat stammten, waren es 2015 sage und schreibe 47 Prozent.[65] Dass darunter auch solche Fonds waren, die die Massenprivatisierungen von Wohnungen betrieben, kann aufgrund der Intransparenz der Investitionspolitik nicht nachgewiesen, aber auch nicht ausgeschlossen werden.

Doch Dummheit der Abgeordneten alleine reicht als Erklärung nicht aus: Die Opposition aus *CDU*, *FDP* und *PDS* kritisierten die Steuerbefreiung explizit und wunderten sich unisono, dass und warum diese Schritte ausgerechnet von einer Mitte-links-Regierung kamen. Die *PDS* stellte diverse Änderungsanträge genau zu diesem Punkt.[66] Ihr damaliger Fraktionsvorsitzender, Gregor Gysi, empörte sich: »Das geht einfach nicht in meine Birne rein. Was soll daran sozialdemokratisch sein?«[67]

Die Finanzindustrie konnte ihr Glück hingegen kaum fassen. Dank der rot-grünen Steuergeschenke konnte sie die Immobilienmärkte aufmischen. An der New Yorker Börse knallten die Sektkorken. Der Aktienindex DAX schoss über Nacht um 4,5 Prozent in die Höhe, »Börsianer waren im Freudentaumel«.[68] Das Wohnopoly konnte beginnen – auf Kosten der Mieterinnen und Mieter. Die Massenprivatisierung öffentlicher Wohnungen war die erste unmittelbare Folge, die Grundlagen für die aktuelle Mietenkrise waren gelegt.

IV. Der Ausverkauf der Stadt – die Massenprivatisierung öffentlicher Wohnungsbestände

»Das Geld, das durch Privatisierungen zur Verfügung steht, wird zur Schuldentilgung eingesetzt.«[69]

(Finanzminister Eichel bei der Debatte zum Steuersenkungsgesetz)

Europas größter Wohnungskonzern, Vonovia, besitzt inzwischen über 565 000 Wohnungen in Deutschland.[70] Viele Kommunen stöhnen und suchen händeringend nach Möglichkeiten, über den Ankauf von Wohnungen wieder Steuerungs- und Eingriffsmöglichkeiten auf dem Wohnungsmarkt zu erlangen. Dabei haben sie den Schlamassel selbst angerichtet. Denn sie haben ihr Tafelsilber verkauft, hunderttausende Wohnungen verscherbelt. Auch beim Ausverkauf der Städte stinkt der Fisch vom Kopf: Der freiwillige Ausverkauf öffentlicher Wohnungen begann beim Bund. Mitte der 90er-Jahre verkaufte der Bund noch unter der Regierung Kohl Wohnungen der privatisierten Bahn und Post.[71] Richtig Fahrt nahm die Privatisierung von bundeseigenen Wohnungen allerdings erst mit der rot-grünen Bundesregierung unter Schröder und Finanzminister Hans Eichel auf. Während in anderen Ländern vorwiegend Mieter-Privatisierungen stattfanden, wurde in Deutschland en bloc verkauft.[72] Ganze Straßenzüge wurden auf einen Schlag an die Finanzindustrie verscherbelt. Alles muss raus! Besonders die Nullerjahre waren der Sommerschlussverkauf auf den Immobilienmärkten.

In die Zeit von Rot-Grün fiel die Privatisierung von 112 000 Eisenbahnerwohnungen im Jahr 2000 sowie von 80 000 Wohnungen der GAGFAH, der Wohnungsgesellschaft der Bundesversicherungsanstalt für Angestellte 2004.[73] Zwischen 1994 und 2013 privatisierte der Bund mindestens 353 000 Wohnungen, so die Antwort auf eine meiner Anfragen.[74] Hinzu kommen Anteilsverkäufe, wie etwa von zusätzlichen 80 000 Bergmannwohnungen, an denen der Bund Anteile hielt und die 2007 unter dem *SPD*-Finanzminister Steinbrück für einen Schnäppchenpreis von 450 Millionen privatisiert wurden.[75] Noch 2012, Wohnungsprivatisierungen waren schon in Verruf geraten, sollten auf einen Schlag 11 500 Wohnungen in Ostdeutschland von der bundeseigenen TLG veräußert werden. Doch auch nach dem politisch umstritteneren TLG-Verkauf ging es weiter: Die bundeseigene Immobilienanstalt BImA verkaufte in den Jahren 2013 bis 2021 über 12 000 weitere Wohnungen.[76]

Auch viele Länder verscherbelten ihr Tafelsilber: Der größte Verkauf betraf die 93 000 Wohnungen der Landesentwicklungsgesellschaft Nordrhein-Westfalen durch die schwarz-gelbe Landesregierung an den US-Fonds Whitehall.[77] Der bekannteste und spektakulärste Verkauf fand in Berlin statt: 65 000 Wohnungen verkaufte die Stadt an den Private-Equity-Fond Cerberus, die später von der Deutsche Wohnen übernommen wurden.[78] Die Bayrische Landesbank verkaufte 32 000 Wohnungen.[79] Die norddeutsche Landesbank privatisierte 27 000 Wohnungen von der niedersächsischen Landesentwicklungsgesellschaft an den US-Investor Fortress. Schleswig-Holstein verkaufte 22 000 und die HSH Nordbank 21 000 Wohnungen.[80] Erst 2012 verkaufte Baden-Württemberg 21 000 Wohnungen seiner Landesbank an einen privaten Immobilienunternehmer.[81] Hinzu kamen eine Reihe kleinerer Verkäufe in vielen Ländern. Alleine zwischen 1999 und 2006 schrumpfte der Wohnungsbestand von Bund und Ländern um mehr als die Hälfte – aus heutiger Sicht eine unfassbare Aktion, eine unglaubliche Dummheit, fehlen dem Staat doch nun die Möglichkeiten, unmittelbar auf dem Wohnungsmarkt einzugreifen und selbst bezahlbare Wohnungen anzubieten. Die ersten Länder sind inzwischen dazu übergegangen, wieder eigene Wohnungsgesellschaften zu gründen.

Auch viele Kommunen machten es Bund und Ländern nach: Dresden verkaufte 2006 48 000 öffentliche Wohnungen an den US-Investor Fortress und entledigte sich auf einen Schlag sämtlicher öffentlicher Wohnungen der Stadt. Frankfurt verkaufte 14 000 Wohnungen, Kiel 11 000.[82] Die Kommunen waren nicht ganz so privatisierungsfreundlich, doch auch ihr Bestand ging in sieben Jahren um acht Prozent zurück.[83] 2009 waren noch acht Prozent aller Wohnungen in kommunaler Hand, heute sind es nur noch etwa sechs Prozent.[84]

Die Gesamtbilanz ist verheerend: Andrej Holm ging bereits 2010 von einer Million privatisierter Wohnungen aus.[85] Ein Großteil der ehemals privatisierten Wohnungen dürfte sich heute an der Börse wiederfinden.

Auch finanziell betrachtet war der Ausverkauf der Stadt kein guter Deal: Bund, Länder und Kommunen verscherbelten ihr Eigentum zu aus heutiger Sicht lächerlich niedrigen Preisen: In den Nullerjahren gingen die Wohnungen zu im Schnitt 42 000 Euro über den Ladentisch.[86] Der Verkauf von 114 000 Eisenbahnerwohnungen brachte dem Bund gerade 5,1 Milliarden Euro ein.[87]

Schlimmer noch: Der Bund verzichtete darauf, die Steuereinnahmen zu kassieren, die dabei normalerweise anfallen würden. Ermöglicht wird das durch eine ganz besondere Konstruktion im Steuerrecht. 80 Prozent der privatisierten Wohnungen verliefen als »Share Deal«.[88] Bei diesem skandalösen, aber ganz legalen Steuertrick verzichtet der Staat darauf, Grunderwerbsteuern zu kassieren, die von jedem Häuslebauer selbstverständlich verlangt werden, da statt konkreter Wohnungen »nur«

Unternehmensanteile gekauft werden – zumindest auf dem Papier – und fünf Prozent der Anteile beim alten Besitzer bleiben.[89] Im Ergebnis muss Otto Normalverbraucher für den Kauf einer einzigen Wohnung die Grunderwerbsteuer zahlen, die Deutsche Wohnen für den Kauf von Zehntausenden Wohnungen nicht. Milliarden an Steuereinnahmen sind so den Ländern entgangen. Das ist umso skandalöser, als dass die Privatisierungen immer wieder mit klammen öffentlichen Kassen gerechtfertigt wurden.[90] Steuersenkungen insbesondere für Reiche und gleichzeitig Schulden abbauen – diese widerstrebenden Ziele von Eichels Steuersenkungsgesetz kamen der Quadratur des Kreises gleich. Neben der erhofften positiven Auswirkung auf die Konjunktur lautete die Zauberformel: »Privatisierungserlöse«. Der Stadtsoziologe Andrej Holm bezweifelt allerdings, dass der Sparzwang »ursächlich« für die Privatisierungspolitik war.[91] Wieder einmal sind es Finanzindustrie und kapitalistische Profitinteressen, die hinter dieser Entwicklung stehen: Kapital sucht nach Anlage-, der Bund Renditemöglichkeiten.

Auch hier hatte sich das Finanzministerium verrechnet: Statt mit dem Verkauf des Tafelsilbers den Haushalt zu sanieren, stieg die Staatsverschuldungsquote rasant und erreichte 2010 einen Höhepunkt.

Volkswirtschaftlich betrachtet war der Ausverkauf öffentlicher Wohnungen in jedem Fall eine Milchmädchenrechnung: Für die kurzfristige Finanzspritze gaben der Staat und die Kommunen ihre Mitgestaltungsmöglichkeiten auf den Wohnungsmärkten und nicht zuletzt auch erhebliche Vermögenswerte auf. Jetzt führen die Konzerne die Kommunen am Nasenring durch die Arena: Zuerst treiben sie die Mietpreise in den meist von Geringverdiener*innen bewohnten Wohnungen nach oben. Wenn die Kommunen mit der Erhöhung der Wohnkostenzuschüsse für Hartz-IV-Betroffene reagieren, passen sie auch die Mietpreise an. Ein Teufelskreis, der nur eine Richtung kennt: nach oben. Im Ergebnis finanziert der Staat also die Rendite der Wohnungskonzerne – auf Rekordniveau. Die Massenprivatisierung öffentlicher Wohnungen war der vierte Kardinalfehler der Wohnungspolitik, die Mieter*innen und den Staat heute teuer zu stehen kommt.

V. Privatisierung per Gesetz in Ostdeutschland

Der Kahlschlag öffentlicher Wohnungen in Ostdeutschland verdient eine gesonderte Betrachtung. Die bisher beschriebenen Privatisierungen erfolgten – mehr oder weniger – freiwillig. Viele Städte waren zwar in einer Haushaltsnotlage und sahen wenig Alternativen zum Ausverkauf ihrer Städte. Aber am Ende waren die beschriebenen Privatisierungen Entscheidungen von Bund, Ländern und Kommunen. Bei vielen Verkäufen der kommunalen Wohnungsunternehmen in Ostdeutschland war das anders. Diese Privatisierungen erfolgten nicht nur früher – nämlich in den 90er-Jahren, sie wurden auch per Gesetz erzwungen. Wie das?

Der Einigungsvertrag übertrug die staatlichen Wohnungen der DDR den Kommunen. Das betraf etwa 57 Prozent aller Wohnungen Ostdeutschlands.[92] Im Gegenzug wurden den Kommunen die staatlichen Investitionen der DDR als Schulden in die Bücher geschrieben. Dieser Vorgang ist höchst umstritten und sorgt bis heute für große Empörung in den neuen Ländern. Die kommunalen Wohnungsgesellschaften Ostdeutschlands starteten dadurch hochverschuldet in das geeinte Deutschland. Um ihre Schulden abzubauen, brauchten sie Hilfe – und diese Hilfen wurden nur gezahlt, wenn sie bis Ende 2003 15 Prozent des Wohnungsbestandes verkauft hatten –, so sagte es das Altschuldenhilfegesetz der Kohl-Regierung.[93] Mit Altschulden belastet und nur mit einem unsanierten Wohnungsbestand ausgerüstet, mussten viele kommunale Wohnungsunternehmen Ostdeutschlands das unmoralische Angebot der Kohl-Regierung annehmen. Das war Privatisierung per Gesetz.

Der Privatisierungsverpflichtung wurde weitgehend nachgekommen. Die Kreditanstalt für Wiederaufbau ging von 364 000 zu privatisierenden Wohnungen aus und meldete Vollzug: »Mittlerweile konnte von etwa 95 Prozent der Unternehmen, die Altschuldenhilfe … erhalten haben, abschließend die Erfüllung ihrer Verpflichtungen aus dem AHG bestätigt werden.«[94] Das Altschuldenhilfegesetz erzwang also die Privatisierung von circa 345 000 Wohnungen. Die wenigsten gingen übrigens an die Bewohner*innen. Das ursprüngliche Ziel der Mieterprivatisierung, also der Verkauf an die aktuellen Mieter*innen, wurde nur in den wenigsten Fällen erreicht.[95] Ein Bericht des Bundesfinanzministeriums stellte bedauernd fest: »Der Gesetzgeber hatte in den Kauf von Wohnungen durch die Mieter hohe Erwartungen gesetzt. Die Mieter bekundeten jedoch wenig Kaufinteresse. Selbst Anreizprämien von mehreren 1 000 DM beflügelten nur wenige Mieter, ihre Wohnung zu kaufen.«[96] Angesichts von Massenarbeitslosigkeit, Betriebsschließungen und Zukunftsängsten ist diese Zurückhaltung beim Erwerb einer Immobilie wenig verwunderlich und belegt, wie die konservative Ideologie »Erhöhung der Eigentumsquote« an der Realität der Menschen vorbeiging.[97]

Die neuen Bundesländer mussten auch in der Wohnungspolitik als Experimentierfeld herhalten. In kleineren Kommunen in Ostdeutschland kommen Privatisierungen immer noch vor.

In meinem Wahlkreis Bautzen etwa verkauften die Kleinstädte Königswartha und Kirschau ihren Bestand erst im Jahr 2021 komplett. Auch im ländlichen Vogtland wurden in den vergangenen zehn Jahren schätzungsweise 2000 kommunale Wohnungen verkauft. Käufer sind auch hier häufig börsennotierte Aktiengesellschaften.[98]

VI. Auslaufmodell: Wie der Soziale Wohnungsbau an die Wand gefahren wurde

Der sechste und letzte Kardinalfehler ist der Niedergang des Sozialen Wohnungsbaus. Was viele nicht wissen: Er diente ursprünglich dem Ziel, »breite Schichten des Volkes«, wie es im Ersten Wohnungsbaugesetz von 1950 hieß, mit bezahlbarem Wohnraum zu versorgen. Die Zugangsbedingungen waren anfangs jedoch so großzügig ausgelegt, dass 75 Prozent der Bevölkerung darunterfielen.[99] Die Bauleistung des Sozialen Wohnungsbaus war enorm: Mitte der 50er-Jahre wurden jährlich circa 350 000, in einem Jahr sogar 450 000 Sozialwohnungen gebaut.[100] In den 80er-Jahren gab es ungefähr vier Millionen Sozialwohnungen in Deutschland.[101]

Und heute? Zur Zeit der Drucklegung dieses Buches wird die Anzahl von Sozialwohnungen vermutlich unter eine Million gesunken sein – und das in einem durch die Wiedervereinigung an Bevölkerung deutlich gewachsenen Land. Expert*innen schätzen, dass fünf Millionen Sozialwohnungen in Deutschland fehlen.[102] Das ist tragisch – würden doch Sozialwohnungen angesichts von Wohnungsnot und Mietenkrise gerade jetzt gebraucht. Und während 1951 70 Prozent aller fertiggestellten Neubauten Sozialwohnungen waren, sind es heute gerade

7,5 Prozent.[103] Auch hier stellt sich die Frage: Warum ließ die Politik den dramatischen Niedergang des Sozialen Wohnungsbaus geschehen?

Es hat sich heute die Auffassung verfestigt, der Niedergang des Sozialen Wohnungsbaus hätte seinen Ursprung in der Föderalismusreform von 2006, bei der die Verantwortung für den Sozialen Wohnungsbau vom Bund auf die Länder ging – bis er schließlich nahezu zum Erliegen kam. Bei genauerer Betrachtung erweist sich dies jedoch als eine Schutzbehauptung der Bundesregierung. Die Schuld bei den Bundesländern zu suchen, schien die einfachste Lösung. Tatsächlich geht es schon seit den 60er-Jahren mit dem Sozialen Wohnungsbau bergab. Geringere Investitionen und eine ideologische Orientierung auf die Eigenheimförderung unter der Kohl-Regierung, angetrieben auch durch den »Lücke-Plan«, waren die Ursache. Dementsprechend rückläufig waren auch die Zahlen neu gebauter Sozialwohnungen. Vereinigungsbedingt gab es in den frühen 90er-Jahren wieder einen geringfügigen Anstieg bei der Schaffung von Sozialwohnungen, der aber nicht lange anhielt.

Ein entscheidender Einschnitt war schließlich die Reform des Wohnungsbaurechts durch die rot-grüne Bundesregierung 2001. Schon zu dieser Zeit standen einem relativ hohen Teil der städtischen Wohnbevölkerung, die theoretisch einen Anspruch auf eine Sozialwohnung gehabt hätte, eine immer geringer werdende Zahl von Sozialwohnungen gegenüber. Rot-Grün löste das Problem auf einfachem Wege: Statt wieder mehr in den Sozialen Wohnungsbau zu investieren, gab die Schröder-Regierung die 50 Jahre lang geltende Orientierung auf breite Bevölkerungsschichten kurzerhand zugunsten einer Fokussierung auf »unterstützungsbedürftige Haushalte« auf:[104] Geringverdiener*innen, kinderreiche Familien, diskriminierte

Bevölkerungsgruppen. Auch das Prinzip der günstigen Kostenmiete wurde abgeschafft. Entscheidend war die Festschreibung einer geringen Fördersumme als »Basisförderung« im Gesetz – 230 Millionen Euro.[105] Noch 1998 wurden 13 Milliarden Euro von Bund und Ländern in den Sozialen Wohnungsbau investiert.[106] Die geringe Summe kritisierten nicht nur *PDS* und *FDP* im Bundestag, auch Bayern und Baden-Württemberg. Auch bei Expert*innen sorgte diese Gesetzesänderung ausgerechnet von der sozialdemokratischen Regierung für Verwunderung und war hoch umstritten. Tatsächlich ging die Zahl der Sozialwohnungen dramatisch bergab. Aus heutiger Sicht kann man froh sein, dass sich die *FDP* und das *CDU*-regierte Hessen nicht mit ihrer Forderung durchsetzten, den Sozialen Wohnungsbau gleich ganz abzuschaffen. Bei der Föderalismusreform fünf Jahre später spielt der Soziale Wohnungsbau nur noch eine Nebenrolle. Der Punkt war so unwichtig, dass bei seiner Einbringung lediglich die Abgeordnete der *LINKEN*, Inge Höger-Neuling, in ihrer ersten Bundestagsrede die Verlagerung des Wohnungsbaus auf die Landesebene kritisierte.[107] Als der Gesetzentwurf schließlich einige Monate später verabschiedet wurde, war der Soziale Wohnungsbau niemandem auch nur ein einziges Wort wert.

Und das ist genau das Problem: Der Soziale Wohnungsbau ist seit Jahrzehnten das Stiefkind der deutschen Wohnungspolitik, ein »Auslaufmodell«, wie *Die Welt* so treffend schrieb.[108] 2007 wurden nur noch etwas mehr als 9000 soziale Mietwohnungen in Deutschland gebaut.[109] Schließlich konnten die Länder mit den Bundeszuschüssen tun und lassen, was sie wollten – einige, darunter Sachsen, stopften mit den geringen Fördersummen des Bundes Haushaltslöcher und bauten über viele Jahre keine einzige Sozialwohnung.

Als ich nach vielen Jahren der wohnungspolitischen Untätigkeit im Bereich Sozialer Wohnungsbau als Bundesgeschäftsführerin meiner Partei 2012 einen Neustart im Sozialen Wohnungsbau forderte, schlug mir Unverständnis, wenn nicht Entrüstung entgegen. Erst eine Studie des Pestel-Instituts, die schon 2012 zum Ergebnis kam, dass in Deutschland vier Millionen Sozialwohnungen fehlen, trug dazu bei, das Thema allmählich wieder auf die Tagesordnung zu setzen.

Doch auch die Begeisterung von Journalist*innen für das Thema hielt und hält sich in Grenzen. Als ich die Forderung nach einem Neustart im Sozialen Wohnungsbau erneut 2016 auf einer Pressekonferenz in einem vollgefüllten Saal mit Journalist*innen präsentierte, erntete ich Hohn und Spott für diese Forderung. Man könne doch wohl nicht eine zweite Gropiusstadt bauen, so der Einwand. Noch 2020 musste ein verabredeter Beitrag mit einem deutschen Leitmedium über den dramatischen Rückgang von Sozialwohnungen kurzfristig einem Bericht über einen einzigen abgeschobenen afghanischen Asylbewerber weichen, der sich die Rückkehr nach Deutschland vor Gericht erstritten hatte. Die Empörung wog offenbar stärker als darüber, dass die Große Koalition auf dem Höhepunkt der Mietenkrise die Gelder für den Sozialen Wohnungsbau um ein Drittel kürzte – auf eine lächerliche Summe von gerade einmal eine Milliarde Euro.

Ein ähnliches Bild gab es, als ich diese Forderung im Deutschen Bundestag artikulierte: Ich wolle wohl wieder Plattenbauten errichten, lauteten die empörten Zwischenrufe der Unionskollegen. Doch selbst in meiner eigenen Fraktion der *LINKEN* musste ich regelrecht um einen Antrag kämpfen, der einforderte, dass die Bundesförderung für den Sozialen Wohnungsbau nicht komplett versiegt – was ohne Grundgesetzänderung tatsächlich geschehen wäre.

Schließlich beschloss der Bundestag 2018 fast einstimmig, ohne die Stimmen der *AFD*, eine Grundgesetzänderung mit dem Inhalt, dass der Bund den Sozialen Wohnungsbau wieder mitfinanzieren darf. Ein Vertreter der Wohnungswirtschaft herrschte mich wenig später am Rande eines Parlamentarischen Abends im Bundestag an, ich sei schuld, dass in Deutschland wieder Sozialwohnungen gebaut würden. Diese Schuld nehme ich gerne auf mich. Wie bei kaum einem anderen Thema wird hier deutlich: Menschen mit wenig Geld gelten in der Politik nicht viel. Darauf komme ich später zurück.

In der Tat ist der Soziale Wohnungsbau keineswegs so sozial, wie der Name vermuten lässt, sondern tatsächlich eine ziemlich teure und vor allen Dingen nicht nachhaltige Form der Wohnraumförderung. Nach dem Ende der staatlichen Förderung, das ist im Regelfall nach 15 Jahren, hören Sozialwohnungen auf, Sozialwohnung zu sein. Es können wieder die Mieten genommen werden, die am Markt verlangt werden, und sie können frei vermietet werden – sie sind nicht länger für Menschen mit geringem Einkommen reserviert. Dieses Prinzip der auslaufenden Bindungen ist der Grund dafür, dass die Anzahl der Sozialwohnungen ständig sinkt. Es werden lange nicht so viele Sozialwohnungen gebaut, wie jährlich aus der sogenannten Bindung fallen. Diese grandiose Fehlkonstruktion, die es in keinem anderen europäischen Land gibt, sorgt dafür, dass in Deutschland alle zwölf Minuten eine Sozialwohnung wegfällt.[110] Allein in der letzten Legislaturperiode der Großen Koalition, in der Zeit von 2017 bis 2021, in der wieder verstärkt Sozialwohnungen gebaut wurden, sind dadurch unterm Strich circa 140 000 Sozialwohnungen weggefallen.[111]

Das mag ein Grund dafür sein, dass die Forderung nach Reaktivierung des Sozialen Wohnungsbaus lange Zeit kein Bestandteil des Forderungskatalogs von Mieterinitiativen war und ist.[112] Doch bei aller berechtigten Kritik kann man sagen: Kein Sozialer Wohnungsbau ist auch keine Lösung. Solange es keine alternativen Formen von sozialer Wohnraumförderung gibt, ist es vernünftig, gegen den weiteren Niedergang des Sozialen Wohnungsbaus zu kämpfen. Richtig wäre, die zentralen Konstruktionsfehler des Sozialen Wohnungsbaus anzugehen. Einmal Sozialwohnung, immer Sozialwohnung, das muss in Zukunft gelten.[113]

Ich möchte übrigens keine zweite Gropiusstadt bauen. Um sich zu überzeugen, dass Sozialer Wohnungsbau auch schön sein kann, muss man nach Wien fahren. Bei jeder Ausschreibung für den geförderten Wohnungsbau gibt es einen Architekturwettbewerb. So entstanden Arbeiterwohnungen mit einem Schwimmbad auf dem Dach. Und in Zukunft mit Solarzellen und begrünten Fassaden. Das ist meine Vision.

Fazit: Mieter*innen als Melkkühe der Nation

Der Rheinische Kapitalismus war politisch reguliert, er folgte Regeln, die sich am Gemeinwohl orientierten. In diesem Kapitel haben wir gesehen, wie die Grundfesten einer erfolgreichen Wohnungspolitik nach und nach geschliffen wurden und einem neoliberalen Verständnis von Wohnungspolitik weichen mussten. Die erfolgreichen Instrumente der deutschen Wohnungspolitik wurden über Bord geworfen: Mietpreisregulierung, gemeinnützige Wohnungen, Sozialwohnungen. Die Politik sah ihre Aufgabe als erfüllt an und zog sich zurück. Der Staat verabschiedete sich von einer aktiven Gestaltung und Steuerung des Wohnungsmarktes und vertraute auf die Kräfte des Marktes. Wohnungen wurden nicht mehr als Teil der Daseinsvorsorge betrachtet, sondern als Kapitalanlage, als Ware. Ein von den Finanzmärkten getriebener Kapitalismus machte sich breit.

Hinter diesen Fehlentscheidungen standen immer wirtschaftliche Interessen: die der Haus- und Grundeigentümer*innen oder die des Staates, so kurzsichtig letztere auch gewesen sein mögen. Gleich zwei der Kardinalfehler fanden im Rahmen von Steuerreformen statt, in denen der Staat Reiche entlastete und auf Einnahmen verzichtete: Leidtragende waren am Ende die Mieter*innen, den Märkten schutzlos ausgeliefert. Vermögende profitierten doppelt: durch sinkende Steuersätze und steigende Renditen.

Doch der Hintergedanke: Die beste Wohnungspolitik ist keine Wohnungspolitik, der Markt wird es richten, sollte sich als grandioser Trugschluss herausstellen. Die Sünden der Wohnungspolitik sind für die heutige Mietpreisexplosion verantwortlich. Jetzt steht der Staat mit leeren Händen da. Fast sämtliche Steuerungsinstrumente wurden fahrlässig über Bord geworfen.

Während die Immobilienwirtschaft massiv profitiert, sind die Mieter*innen die Dummen. Wie konnte das passieren? Jeder Mensch muss wohnen. Mieter*innen können nicht einfach weglaufen und die Wohnung wechseln, sobald sie etwas Günstigeres finden – erst recht nicht, wenn es kaum bezahlbare Wohnungen gibt. Da bietet es sich geradezu an, ihnen in die Tasche zu greifen. Sie zahlen nicht nur für die Liberalisierung des Mietrechts, was zu erwarten war. Sie zahlen für die Privatisierung der Rentenpolitik in Deutschland und der Welt. Rentenfonds spielen eine nicht unerhebliche Rolle im Spekulationsgeschehen. Mieter*innen zahlen auch die Zeche für zwei Steuerreformen, von denen vor allem Reiche profitierten. Ob unter Kohl oder unter Schröder: Wenn die Steuern gesenkt und keine Schulden gemacht werden sollen – warum dann nicht bei Mieter*innen nehmen, die nicht weglaufen können? Das war vielleicht nicht der Gedanke, aber die Auswirkung der umfangreichen Privatisierungspolitik unter Schröder.

Mieter*innen zahlen indirekt auch für die Auswirkungen der Finanzmarktkrise: Ich kann mich gut erinnern, wie ich 2008 an Demonstrationen mit dem Motto: »Wir zahlen nicht für eure Krise« teilgenommen habe. Was wir damals nicht ahnten: dass wir die Folgen weniger als Steuerzahler*innen, sondern als Mieter*innen zahlen. Denn infolge der Finanzkrise senkte Europa die Zinsen drastisch, um die Wirtschaft anzukurbeln. Das führte dazu, dass sich noch mehr Kapital in die Finanzmärkte flüchtet. Der Immobilienboom wird von den Mieter*innen bezahlt.

An anderer Stelle ist der Griff in den Geldbeutel der Mieter*innen offensichtlicher. Bis heute ist es nicht unüblich, dass Städte ihren eigenen Wohnungsunternehmen in die Kasse greifen – und damit faktisch Mieter*innen ins Portemonnaie –, um andere Aufgaben zu finanzieren. Die Mieter*innen bekommen davon meistens nichts mit. Es vollzieht sich gleichsam hinter ihrem Rücken. Das mag ein Grund dafür sein, warum sich so wenig Widerstand dagegen regt.

Auf Rekordniveau sind heute nicht nur Mieten und Kaufpreise für Immobilien. Auch die Renditen der Immobilienlobby. Mit kaum etwas anderem lässt sich heute mehr Geld verdienen als mit Immobilienspekulation in Deutschland. Diesem Thema werde ich im nächsten Kapitel nachgehen.

2 Die Folgen: Deutschland als Eldorado für Spekulation und Paradies für Geldwäsche

Wie wirken sich nun die großen Fehlentscheidungen der deutschen Wohnungspolitik aus? Kurz gesagt haben sie dafür gesorgt, dass die Spekulation mit Immobilien erst so richtig attraktiv wurde. Dass Wohnungen dafür genutzt werden, dass Vermögende aus Geld mehr Geld machen, ist freilich nichts Neues. Es ist die DNA der Wohnungswirtschaft. Früher wurde nicht von Mehrfamilienhäusern, sondern von »Zinshäusern« gesprochen – Häuser, die möglichst hohe Zinsen abwerfen. Die Erträge aus der Verpachtung von Boden werden in den Wirtschaftswissenschaften bis heute als »Renten« bezeichnet. Das ist entlarvend. Immobilien werden gekauft, verkauft, Wohnungen gebaut und vermietet, damit sie für die Eigentümer Zinsen oder »Renten« abwerfen. Das funktioniert im Prinzip so: Wenn die ursprüngliche Investition in eine Immobilie abbezahlt – oder besser: durch die Mieterinnen und Mieter refinanziert – wurde, beginnt die Immobilie sich erst für die Anleger*innen zu rechnen. Zunächst bezahlen die Mieter*innen den Kredit ab, der für den Bau bzw. den Kauf der Wohnung aufgenommen werden musste. Das ist an sich schon ein schlechtes Geschäft zu ihren Lasten, denn sie müssen von ihrer täglichen Arbeit das finanzieren, was die Vermieter*innen im Laufe der Zeit ihr Eigentum nennen dürfen. Doch dann startet erst das lukrative Geschäft: Jetzt erst beginnt, wie es so schön heißt, »die Immobilie für Sie zu arbeiten«, genauer gesagt: die Mieterinnen und Mieter.[1]

Das Grundprinzip, dass die Mieter*innen im Laufe der Jahre das Haus der Vermietenden bezahlen, gilt immer. Aber wie wir gesehen haben, gab es in den ersten Jahrzehnten der Bundesrepublik ein geschütztes Marktsegment der Gemeinnützigkeit, einen hohen Anteil an Sozialem Wohnungsbau und eine Mietpreisregulierung – kurz gesagt eine funktionierende soziale Marktwirtschaft. Durch die genannten Kardinalfehler, insbesondere durch die Finanzmarktliberalisierung von Schröder änderte sich so manches. Es begann das, was Wissenschaftler »die Finanzialisierung des Wohnungsmarktes« nennen.[2] Es bedeutet, dass privates, häufig internationales Kapital zunehmend in Immobilien investiert wird, auf steigende Mieten spekuliert und die Renditeerwartungen deutlich größer werden, als es früher der Fall war. Die Wohnung wird nicht länger als Sozialgut, sondern als Ware begriffen, der Wohnungsmarkt als Anlagemarkt betrachtet, bei dem es ums schnelle Geld geht. Wer die Akteure sind, welche skandalösen und absurden Ausmaße die Geschäftemacherei mit Immobilien inzwischen angenommen hat und wer davon profitiert, das soll Thema in diesem Kapitel sein.

Wohnopoly – der Aufstieg der Wohnungskonzerne und ihre Praktiken

Ein Vonovia-Mieter aus der Nähe von Köln schreibt mir, dass seine Miete nach einer Sanierungsankündigung um 275 Euro pro Monat – und damit auf einen Schlag um über ein Drittel –

steigen soll. In Dresden spielt sich ein Modernisierungsdrama bei Vonovia-Wohnungen ab: 1,65 Euro pro Quadratmeter Mietsteigerung stehen gerade 18 Cent Heizkosteneinsparung gegenüber.[3] Im Berliner Prenzlauer Berg protestieren die Bewohner*innen gegen die von der Deutsche Wohnen angekündigten Modernisierungsmaßnahmen. Für den Anbau der ungewollten Balkone würden ihre Mieten um 75 Prozent steigen. Das sind Beispiele für eine der beiden Strategien der Wohnungskonzerne, möglichst hohe Renditen aus dem Wohnungsbestand herauszuholen: Alte Wohnungsbestände kaufen, teuer sanieren und die Miete ganz legal erhöhen, weit über das, was eigentlich erlaubt ist. Ein hilfreiches Instrument ist dabei die sogenannte »Modernisierungsumlage«, die dafür sorgt, dass Modernisierungsmaßnahmen nicht nur allein von den Mieter*innen bezahlt werden müssen, sondern auch eine dauerhafte Mietsteigerung rechtfertigen. Ein ungewollt modernisiertes Bad sorgt dafür, dass die Miete dauerhaft erhöht werden darf, auch dann, wenn die Investition längst abbezahlt wurde.

Eine andere Strategie besteht darin, den Wohnungsbestand vergammeln zu lassen, an Service, Personal und Instandhaltung zu sparen und die Mieten trotzdem zu erhöhen, soweit es eben geht. Im Bad fallen die Kacheln von der Wand und trotzdem kommt die Mieterhöhung. Oder es werden neue Ausgabeposten bei der Nebenkostenabrechnung erfunden, auch wenn es keinen Hausmeister mehr gibt und der Service immer schlechter wird. Gerne findet das in Wohnblocks mit einem hohen Anteil an Armen und Geringverdiener*innen statt, häufig an den Rändern der Städte. Also dort, wo sich Menschen mit Hartz-IV-Bezug gerade noch eine Wohnung leisten können und der Staat die Miete bezahlt. Da gibt es etwa den »Schimmel-Alarm« in Beständen der Deutsche Wohnen im Berliner Wedding, ähnliche Beschwerden kommen aus Puchheim bei München. Nicht reparierte Heizkörper, halbherzige Instandhaltung – und wer die Miete mindert, bekommt eine Räumungsklage. Es vergeht fast keine Woche, ohne dass Mieterinitiativen oder die Boulevardpresse über skandalöse Vorgänge in den Wohnblocks der Wohnungskonzerne berichten.

Kein Wunder also, dass sich die Kritik der Mietenbewegung häufig auf die Wohnungsgiganten konzentriert. In Stuttgart zieht der Mieterverein gegen Vonovia-Mieterhöhungen vors Gericht, in Dortmund vernetzen sich Mieter*innen der Vonovia, in Dresden die der Deutsche Wohnen, in Bremen protestieren empörte Mieter*innen vor dem Vonovia-Büro und in Konstanz wendet sich gar der *CDU*-Oberbürgermeister mit einem Video gegen die Praktiken des Konzerns.[4] Für bundesweite Aufmerksamkeit sorgte das von Aktivist*innen initiierte Volksbegehren »Deutsche Wohnen & Co. enteignen«. Die provokante Initiative, die private Wohnungsunternehmen mit mehr als 3 000 Wohnungen zurück in öffentliches Eigentum überführen will, überzeugte prompt 59 Prozent der Berliner Wähler*innen.

Ende 2020 besaßen die sieben größten börsennotierten Wohnungskonzerne eine Million Wohnungen in Deutschland.[5] Die betroffenen schätzungsweise 2,5 Millionen Mieter*innen sind aggressiven Vermietungsstrategien ausgeliefert. Nicht wenige dürften bei dem Gedanken, dass mit ihrer Wohnung an der Börse gehandelt wird, um den Schlaf gebracht sein. Wie konnte das passieren?

Wie wir im letzten Kapitel gesehen haben, bildeten die für einen Schnäppchenpreis verkauften gemeinnützigen oder öffentlichen Wohnungen die Grundlage für den Aufstieg von Vonovia und Deutsche Wohnen. Während die öffentliche Hand in nur acht Jahren über 20 Prozent ihrer Wohnungen verlor, konnten die Konzerne ihren Bestand im gleichen Zeitraum um 15 Prozent steigern.[6] Profitiert hat von den für Deutschland typischen Enbloc-Verkäufen eine verhältnismäßig überschaubare Gruppe von Investoren. Zwischen 1999 und 2012 handelten nur 135 private Investoren mit solch großen Wohnungsbeständen. Die größten Käufer waren die Deutsche Annington, die Vorläuferin von Vonovia, der US-Investor Fortress und die Fondsgesellschaften Cerberus und Goldmann Sachs.[7]

Wir haben bereits gesehen, dass anfangs sogenannte Private-Equity-Fonds auf den Plan traten – angelockt durch die rot-grünen Steuergeschenke und bereit, ganze Wohnungsgesellschaften zu schlucken.[8] Da das Wesen dieser »Geierfonds« das schnelle Geschäft ist, zogen sie sich alsbald von den Wohnungsmärkten zurück. Die großen Wohnungskonzerne gründeten sich häufig aus diesen Fonds heraus. Der Börsengang zahlreicher Wohnungsunternehmen sorgte schließlich dafür, dass mit den Wohnungsaktien gehandelt werden kann. Übernahmen, Fusionen, Konzentration in immer größeren Wohnungskonzernen waren die Folge. Spätestens 2021, als Vonovia es im dritten Anlauf geschafft hat, den größten Konkurrenten, die Deutsche Wohnen, faktisch zu schlucken, steht der Gewinner des Monopolys fest: Vonovia ist der mit Abstand größte Player auf dem deutschsprachigen Wohnungsmarkt mit über 565 000 Wohnungen.[9] Das bedeutet: eine Millionen Vonovia-Mieter*innen, auf denen der Druck zur Gewinnmaximierung und Dividendenausschüttung lastet.

Zur Verteidigung der großen Wohnungsunternehmen wird häufig eingewendet, Vonovia und Co. würden nur einen geringen Anteil am gesamtdeutschen Wohnungsmarkt besitzen. Doch das Problem mit den Wohnungsgiganten ist ihr hoher Marktanteil in bestimmten Städten oder Stadtteilen und die Tatsache, dass sie für Geringverdiener*innen häufig das einzig verfügbare Angebot haben. Für arme Mieter*innen sind sie in einigen Städten faktisch Monopolanbieter, Ausweichmöglichkeiten gibt es nicht.

Das Schlimmste ist: Die Wohnungskonzerne sind Treiber der Mietentwicklung. Die Mietsteigerungen der Konzerne fielen deutlich stärker aus als die der gesamten Mietenentwicklung. Besonders negativ fielen auf: Vonovia und Deutsche Wohnen. Die Mieter*innen der ehemaligen GSW-Wohnungen in Berlin traf es besonders hart: In nur fünf Jahren mussten sie eine Mietsteigerung der Nettokaltmieten von 20 Prozent verkraften.[10] Eine Studie über den Vonovia-Konzern kommt zu ähnlich erschreckenden Zahlen: Auch in diesem Unternehmen steigen die Mieten von 2013 bis 2017 um sage und schreibe 18,3 Prozent.[11] Wir können sicher davon ausgehen, dass die verlangten Mietsteigerungen erheblich über der Lohn- oder Rentenerhöhung gelegen haben. Angesichts der Sozialstruktur der Häuserblocks ist das besonders dramatisch.[12]

Die Aktionär*innen dürften sich hingegen die Hände reiben: Vonovia gelang ein kometenhafter Aufstieg in den DAX in nur wenigen Jahren. Auch die »Deutsche Wohnen« ist zwischenzeitlich in den DAX gefolgt, wurde jedoch mittlerweile von Vonovia übernommen. Damit gehören die beiden größten Wohnungskonzerne zu den 30 größten Unternehmen in Deutschland. Vonovia zählt sogar zur Hitliste der 50 größten börsennotierten Aktiengesellschaften in der Eurozone. Mit der kommerziellen Vermietung von Wohnungen im großen Maßstab und den entsprechend unanständigen Geschäftspraktiken lässt sich eben sehr viel Geld verdienen.

Auch die Wachstumsraten sind überdurchschnittlich. In den Jahren 2012 bis 2017 stiegen die Gewinne exorbitant um sagenhafte 1390,7 Prozent – und das nach Steuern.[13] Das bedeutet, dass pro Wohnung 190 Euro jeden Monat an Dividende für die Aktionär*innen erzielt werden. Hier kann man einwenden, dass die Gewinne nicht allein auf Mietsteigerungen basieren, sondern auch auf Wertsteigerungen, Spekulation und auf Buchungstricks. Das ändert jedoch nichts an der Tatsache, dass die Gewinne zu einem erheblichen Teil von den Mieter*innen erwirtschaftet werden.[14]

Auch die Vorstände profitieren von der Entwicklung: Von 2013 bis 2017 gönnten sich die Vonovia-Vorstände 58,7 Millionen Euro Gehalt.[15] Eine stattliche Summe, die sich lediglich eine Handvoll Vorstände teilten. Das Gehalt des Vorstandsvorsitzenden Rolf Buch ist geradezu fürstlich. Alleine 2017 durfte er sich über ein Einkommen von 5,673 Millionen Euro freuen und verdiente damit 117-mal das Gehalt seiner Beschäftigten.[16] Dieses Missverhältnis ist selbst bei DAX-notierten Unternehmen einzigartig. Das muss man sich auf der Zunge zergehen lassen: Ein durchschnittlicher Vonovia-Mitarbeiter bräuchte also drei Arbeitsleben, um das Gleiche zu verdienen wie sein Chef in einem Jahr.[17] Mit Leistungsgerechtigkeit hat das nichts mehr zu tun.

Aggressive Mieterhöhungs- und Entmietungsstrategien gegenüber Mieter*innen stehen also hohe Dividendenzahlungen, wahnsinnige Renditen und fürstliche Gehälter für die Vorstände gegenüber. Es besteht also kein Zweifel, dass das Geschäft der Vonovia ein Geschäft zulasten von armen Leuten ist.

Früher war die Vermietung von Wohnraum ein Geschäftsmodell, das im Kern von der Wohnungswirtschaft selbst bestellt wurde. Gewinne wurden über Wertsteigerung erzielt – und nicht dadurch, das Letzte aus den Mieter*innen herauszupressen und jede Gesetzeslücke, jede Steuerersparnis schamlos auszunutzen. Der Finanzindustrie geht es im Kern nicht um die Bewirtschaftung von Wohnraum, sondern nur um das schnelle Geld. Das gesamte Geschäft wird auf maximale Renditen ausgerichtet. Im Grunde ist die Vonovia ein Finanzinvestor auf dem Immobilienmarkt und kein Wohnungsunternehmen im klassischen Sinne. »Hier geht es dann nur noch um eine maximale Rendite des zinstragenden Kapitals Immobilie als eine spekulative Finanzinvestition.«[18]

Auch stellt sich die Frage nach der Rolle der Politik. Warum die Märkte liberalisiert wurden, haben wir bereits gesehen. Aber warum lässt man die börsengetriebenen Wohnungsgiganten gewähren? Vermutlich, weil es auch hier ums Geld geht. Bontrup analysiert, dass Vonovia in nur fünf Jahren fast vier Milliarden Euro Steuern zahlte, und kommt zum Schluss: »Der Staat (ist) nach den Shareholdern der größte Profiteur der Vonovia-Geschäftspolitik.«[19] Die Konzerne nehmen dem Staat nicht nur die lästige Aufgabe ab, sich um die Unterbringung von Menschen mit wenig Geld kümmern zu müssen, sie bringen ihm auch noch Steuergelder. Und da drückt man offenbar gerne das eine oder andere Auge zu.

Börsengang und Monopolbildung sind eine Folge des Ausverkaufs der Städte. Die Globalisierung des Wohnungshandels ist die andere Seite dieser Entwicklung. Diesem Phänomen werde ich mich im folgenden Kapitel zuwenden.

Betongold – der deutsche Immobilienmarkt als Eldorado für internationale Immobilienspekulation

»Warum in Berlin investieren? Das knappe Angebot lässt Immobilienpreise in die Höhe schnellen ... Die Berliner Immobilienpreise sind die niedrigsten in den Hauptstädten und Großstädten Europas und Deutschlands ... Eine solch preiswerte Investition verspricht langfristig erstaunliche Preissprünge ... Sie können von den einzigartigen Vorteilen des deutschen Steuerrechts profitieren, einer hundertprozentigen Steuerfreiheit auf Verkäufe nach nur zehn Jahren.«[20]

Unverblümt, ja geradezu unverschämt wirbt eine Berliner Immobilienfirma mit den Mietsteigerungsmöglichkeiten und Steuervorteilen internationales Kapital ein. Und in der Tat, die Unternehmensberatung PricewaterhouseCoopers (PwC) befand 2020 gleich vier deutsche Städte unter den zehn begehrtesten Plätzen für Investor*innen: Berlin, Frankfurt, München und Hamburg.[21] Deutsche Immobilien sind also eine überaus angesagte Adresse für internationale Investor*innen und für die Finanzindustrie.

Wie kam es dazu? Wie bereits beschrieben, wurde internationales Kapital durch die Schröder'schen Steuergeschenke und Finanzmarktliberalisierungen regelrecht auf den deutschen Wohnungsmarkt gelockt, die privatisierten Bestände der gemeinnützigen Wohnungswirtschaft wurden ihnen regelrecht zum Fraß vorgeworfen. Der Ausverkauf der Städte konnte beginnen. Der Anstieg der Immobilienpreise in den Nachbarländern, der früher erfolgt ist als hierzulande, mag zusätzlich die Hoffnung geweckt haben, dass diese Preisentwicklung auch in Deutschland erfolgen würde.[22] 2004 bis 2006 wurden enorme Transaktionen auf dem Immobilienmarkt getätigt. Die Finanzmarktkrise 2008 ließ den Handel mit Immobilien kurzfristig stagnieren. Sie wurde maßgeblich durch faule Immobilienkredite in den USA ausgelöst. Doch kurze Zeit später drängte erst recht Kapital auf den deutschen Immobilienmarkt, der anders als der amerikanische als sicher und krisenfest gilt. Die Renditen können durchaus mit denen von Aktien mithalten oder übertreffen sie sogar. Die Niedrigzinspolitik der europäischen Zentralbank tat ihr Übriges. Zu den großen Fonds und institutionellen Anlegern kommen Teile der Mittelschichten hinzu. Auch sie, seit der Liberalisierung des Arbeitsmarktes vom sozialen Abstieg bedroht, versuchen ihr Unglück als Kleinanleger*innen auf dem Wohnungsmarkt. Alle zusammen bereichern sich auf Kosten der Mieter*innen.

Ihre Hoffnungen wurden nicht enttäuscht. Deutschland wurde zum Eldorado für internationale Immobilienspekulation. Über die Hälfte der privatisierten öffentlichen Wohnungen wurden von internationalen Fonds und Investoren gekauft. In den Hochzeiten der Privatisierungen, also 2004 bis 2006, wurden sogar über zwei Drittel aller Großeinkäufe am deutschen Immobilienmarkt von angelsächsischen Unternehmen getätigt, also von Investor*innen aus den USA, Großbritannien, Kanada und Australien.[23] Internationale Investor*innen profitierten überproportional vom Mietenwahnsinn in deutschen Großstädten. Weder die Finanzmarktkrise noch die Corona-Krise konnten die Attraktivität des deutschen Immobilienmarktes schmälern, gilt er doch »als sicherer Hafen in stürmischen Zeiten«.[24] Bis heute ist der deutsche Immobilienmarkt international attraktiv. In deutschen Großstädten ist es keine Seltenheit, dass Eigentumswohnungen von internationalen Kapitalanleger*innen gekauft werden, ohne dass diese sie sich selbst angesehen haben. Dafür werden gerne Mondpreise gezahlt – und die Preise nach oben getrieben. Inzwischen sind längst sogenannte B- und C-Städte, also Städte mit weniger attraktiven Lagen, ins Visier der Investor*innen gelangt. Auch in sächsischen Kleinstädten kauft ein dänischer Rentenfonds attraktive Häuserzeilen auf.

Immer wieder macht es Schlagzeilen, wenn internationale Investor*innen auf Shoppingtour gehen und ganze Straßenzüge aufkaufen: Der Chinesische Staatsfond CIS kaufte im Jahr 2016 16 000 Wohnungen in der ganzen Republik.[25] Der FOCUS regte sich 2018 auf: »Reiche Russen kaufen massenhaft deutsche Wohnungen«, »sie zahlen Millionen-Beträge offenbar in bar«.[26] Im Dezember 2021 kaufte der schwedische Immobilienkonzern Heimstaden auf einen Schlag 14 000 Wohnungen in Berlin und wurde – zusammen mit seinem bisherigen Wohnungsbestand – zu einem der größten privaten Wohnungsunternehmen der Stadt.[27]

Überhaupt scheinen Mietwohnungen in Deutschland bei Pensionsfonds sehr beliebt zu sein. Einige sehen in ihnen sogar eine wesentliche Ursache für groß angelegte Immobilienspekulationen. Fonds aus Ländern mit privaten, kapitalgedeckten Renten suchen nach Anlagemöglichkeiten, und da ist der deutsche Immobilienmarkt eben besonders attraktiv.[28] Die Rentenkürzung von Schröder und der Appell seiner rot-grünen Bundesregierung, sich selbst um eine private Rentenvorsorge zu kümmern, sorgen dafür, dass sehr viel umherschwirrendes Kapital nach Anlagemöglichkeiten sucht. Warum dann nicht Mieter*innen für sich arbeiten lassen? Was für private Kapitalanleger*innen und Fonds aus Deutschland gilt, hat sich längst auch international herumgesprochen – angelockt durch die sicheren Renditen im Immobilienbereich. Für eine Milliarde kaufte die dänische Rentenkasse in deutschen Städten, für eine weitere Milliarde gingen Pensionsfonds aus den USA, Großbritannien und Frankreich auf Shoppingtour. Vom »größten Vermögensaufbau von Pensionskassen und Versicherungen« spricht der Berliner Mieterverein.[29] 2018 gingen knapp 14 Prozent der großen Immobilientransaktionen auf Pensionsfonds zurück – das sind zehn Prozent mehr als noch vier Jahre zuvor.[30] Auch mit Gewerbeimmobilien lässt sich die Rente aufpäppeln. Das bekannte Berliner Sony-Center wurde 2017 von der kanadischen Pensionskasse gekauft – unter Umgehung der Grunderwerbssteuer durch das erwähnte Steuerschlupfloch »Share Deals«.[31]

Auch die Eigentumsstrukturen hinter den Wohnungskonzernen sind häufig international: Nehmen wir zum Beispiel die Deutsche Wohnen. Das Unternehmen wurde zwar als Tochter der Deutschen Bank gegründet, doch die Aktionäre sitzen größtenteils woanders. Größter Aktionär im Jahr 2020 war Black Rock, eine US-amerikanische Fondsgesellschaft. Der CDU-Vorsitzende Friedrich Merz saß einige Jahre im Aufsichtsrat einer deutschen Tochtergesellschaft. An zweiter Stelle folgt ein Investitionsfond aus Boston und an dritter Stelle eine norwegische Bank, die mit dem norwegischen Pensionsfond verbunden ist.[32] Über diese Konzerne und Fonds fließt das Geld internationaler Investor*innen auf den Mietwohnungsmarkt und versucht sich dort zu mehren. Und das ist im letzten Jahrzehnt überaus gut gelungen.

Es ist schwer, genau zu sagen, welchen Anteil Fonds am Wohnungsmarkt haben. Klar ist: Fonds und Konzerne erobern sich immer größere Anteile des Wohnungsmarktes; 2018 besaßen private professionelle Anbieter, also Fonds, Konzerne, Versicherungen und Banken, mit fast vier Millionen deutlich mehr Wohnungen als die Kommunen.[33] Der Ökonom Christoph Trautvetter geht dieser Frage in mühevollen Forschungsprojekten nach. Für Berlin kam er zu dem Ergebnis, dass etwa 15 Prozent des

Wohnungsbestandes börsennotierten Wohnungskonzernen oder anderen Finanzmarktakteuren gehört, weitere 25 Prozent großen privaten Unternehmen oder Eigentümer*innen.[34]

Ich möchte nicht falsch verstanden werden: Meine Kritik richtet sich nicht in erster Linie gegen »die Russen« oder »die Chinesen«. Nicht die Nationalität der Investor*innen ist das Problem, sondern der Renditedruck des Kapitals, egal woher es kommt. Eine Renditeerwartung, die Mieter*innen erwirtschaften müssen – egal, woher sie kommen. Ob Ahmet aus Altona oder Helga aus Haidhausen: Beiden von Altersarmut Bedrohten ist es schwer zu vermitteln, warum sie mit ihren Mieten alle möglichen Rentenkassen füllen sollen und es für sie selbst nicht gelingen wird, etwas für die private Altersvorsorge zurückzulegen.

Auch der Service für Mieter*innen steigt durch diese Globalisierung nicht: Spricht man mit Mietervereinen, so beklagen sie landauf, landab, dass die Durchsetzung von Mieterrechten immer schwieriger wird, je weiter die Vermieter*innen weg sind. Mit einer Kleinvermieterin aus derselben Stadt lassen sich Dinge aushandeln. Auch ortsansässige Hausverwaltungen haben in der Regel noch das Interesse nach einer gütlichen Lösung. Nicht so mit Immobilien-AGs, Wohnungskonzernen und Fonds. Sie engagieren sich auf dem Wohnungsmarkt, um eine maximale Rendite herauszuholen. Steigende Mietpreise gehen häufig mit schlechtem Service einher. Wo es früher einen Hausmeister gab, gibt es nun ein »Facility Management« in weit entfernten Großstädten.

Doch den Finanzplatz Deutschland attraktiv zu machen, war der Regierung Schröder wichtiger, als Mieter*innen vor internationaler Spekulation zu schützen. Im Grunde hat sich an diesem Paradigma nichts geändert. Die von Kanzler Scholz und seiner

Ampelkoalition versprochene »Aktienrente« dürfte es nicht besser machen – sie wird für noch mehr renditehungriges Kapital sorgen und möglicherweise weiteres Geld auf den ohnehin schon überhitzten Immobilienmarkt pumpen.

Zu Ende ist die Party jedenfalls noch nicht. Die Immobilienpreise steigen und steigen. Zufrieden analysiert das bundeseigene Forschungsinstitut BBSR: »Der deutsche Wohnungsmarkt stellt auch im Jahr 2020 ein attraktives Anlageziel für Investoren dar«, und weiter heißt es: »Angelsächsische Unternehmen bauen ihre Bestände aus.«[35] Doch sie beobachten Veränderungen: Die Hauptstadt ist durch, jetzt sind Nordrhein-Westfalen und kleinere Städte außerhalb der Metropolen dran.

In diesem Kapitel haben wir gesehen, wie die Wohnungskonzerne sich Stück für Stück den Wohnungsmarkt erobern. Sie treiben die Mieten nach oben. Für manche Stadtteile und Menschen mit wenig Geld sind sie häufig eine Art Monopolanbieter. Inzwischen entdecken sie den Neubau für sich und erwerben Projektentwicklungsgesellschaften. Auch Pflegeeinrichtungen sind ins Visier der Konzerne geraten. Nicht gerade eine Vorstellung, die einen ruhiger schlafen lässt.

Geheime Grundbücher und überforderte Behörden – warum der deutsche Immobilienmarkt ein Paradies für Geldwäsche ist

Wohin mit dem ganzen Schwarzgeld aus Drogenhandel, Prostitution und Schutzgelderpressung? In der preisgekrönten Serie 4 Blocks, die im Berliner Stadtteil Neukölln spielt, versucht es der Gangsterboss Toni Hamady gleich mit drei kostspieligen Immobilien: einem großen, heruntergekommenen Mietshaus in der Innenstadt, einer Luxusvilla für sich selbst am Stadtrand und auf einem Filetgrundstück an der Spree soll ein Fünf-Sterne-Hotel entstehen. Das alles will er mit einem korrupten Anwalt und einem unsympathischen Immobilienmakler realisieren.

Nur ein Film? Vielleicht näher an der Realität, als wir denken. Im Jahr 2018 beschlagnahmte das Land Berlin 77 Immobilien, die im Verdacht standen, mit Geldern aus der Organisierten Kriminalität bezahlt worden zu sein. Zwei dieser Immobilien hatte zum Beispiel ein 19-Jähriger gekauft. Das Gericht wies Beschwerden ab und sah ein »grobes Missverhältnis« zwischen dem Wert der Immobilien und den Einkünften des jungen Mannes, der bereits wegen anderer Vergehen im Gefängnis saß.[36] Auch Roberto Scarpinato, ein Mafia-Jäger aus Palermo, verblüfft mit der Aussage: »Wenn ich Mafioso wäre, würde ich in Deutschland investieren.«[37] Vieles spricht dafür, dass genau das passiert und das Geld für teure Gewerbeimmobilien oder für Luxusvillen nicht selten aus krummen Geschäften stammt. Baden-Baden, Frankfurt, Berlin und Erfurt sind nur einige Städte, die in diesem Zusammenhang immer wieder genannt werden.

Wenn Sie an ein Geldwäscheparadies denken, welche Länder fallen Ihnen da ein? Vermutlich nicht Deutschland. Dabei belegte das Land der ordnungsliebenden Saubermänner im Länderranking des Netzwerks Steuergerechtigkeit lange einen unrühmlichen siebten Platz im internationalen Geldwäsche-Ranking. Inzwischen ist es nur noch der 14. Platz. Das bleibt immer noch ein Spitzenplatz in Europa und bedeutet eine Einstufung vor Ländern wie Panama, Jersey und den Bahamas. [38]

Dabei spielen Immobilien eine nicht zu unterschätzende Rolle. Schätzungen zufolge werden 100 Milliarden Euro im Jahr in Deutschland gewaschen, darunter mindestens fünf Milliarden Euro jährlich im Immobilienbereich, geschätzt können es bis zu 25 Milliarden Euro sein.[39] Eine ungeheure Summe. Zum Vergleich: Für den Sozialen Wohnungsbau stellt die Bundesregierung jährlich eine Milliarde Euro zur Verfügung.

Strafverfolgung und Verurteilung gestalten sich schwer: Beim Verkauf von 33 000 öffentlichen Wohnungen der bayrischen Landesbank GWB konnte der Verdacht, dass sie mit russischem Schwarzgeld bezahlt wurden, ebensowenig bewiesen werden wie bei der Firma Trockland, die am Checkpoint Charlie in Berlin investieren wollte. Dahinter verbarg sich ein kompliziertes Firmengeflecht, das zur Familie eines turkmenischen Autokraten führte. Transparency International berichtet weiterhin von einem Geflecht zwischen Luxemburger Fonds und Investmentfirmen aus Dubai mit Vorliebe für deutsche Gewerbeimmobilien oder über eine Bank aus Bahrain, die in Deutschland eine Immobilie im Wert von 80 Millionen Euro kaufte und als eher unsicherer Kantonist in Sachen Geldwäschekontrolle gilt. Russisches Schwarzgeld wird auch bei diversen Immobilieninvestitionen in Baden-Baden und beim Berliner Kudamm-Karree vermutet. In diesem Zusammenhang auch genannt wird der älteste Jugendclub Berlins, Potse, der einem Investor weichen musste. Genauer gesagt einem komplizierten Firmengeflecht, das zu einer Anwaltskanzlei auf Zypern führt – woher deren Geld stammt, ist nicht bekannt. Zahlreiche Razzien wiederum zielen auf die sizilianische Baumafia, vor allem in Nordrhein-Westfalen.[40]

Wie kann es sein, dass Deutschland, international für Ordnung und Gründlichkeit bekannt, so attraktiv ist für Geldwäsche und warum spielt der Immobilienbereich darin eine besondere Rolle? Vor allen Dingen, weil um die Besitzverhältnisse von Immobilien in Deutschland eine Geheimniskrämerei besonderen

Ausmaßes betrieben wird. Die Verschleierung der Vermögensverhältnisse beginnt beim Grundbuch. Und die Grundbücher sind Deutschlands bestgehütetes Geheimnis. Selbst in New York und in London sind sie öffentlich zugänglich, in Deutschland gestaltet sich die Einsichtnahme schwierig bis nahezu unmöglich. Die Journalistin Utta Seidenspinner, die Geldwäsche in Deutschland auf den Grund gegangen ist, kommt zum Ergebnis: »Im Immobiliensektor sind wir verschwiegener, als es die Schweiz jemals war.«[41] Als Eigentümer kann zudem auch eine Briefkastenfirma mit Sitz auf den Kanalinseln, in Luxemburg oder in anderen Steueroasen fungieren; es werden komplizierte Firmengeflechte aufgebaut – um die Herkunft illegaler Gelder zu verschweigen, sie in den Geldkreislauf einzuschleusen oder einfach um Steuerzahlungen zu vermeiden. 2016 gab es allein in Berlin mindestens 5000 Grundsteuerkonten mit Sitz auf den Kanalinseln.[42] Recherchen und Ermittlungen werden auch dadurch erschwert, dass die Grundbücher nicht nur schwer zugänglich, sondern dezentral über das ganze Land verteilt sind. In den meisten Bundesländern liegen sie auch in den Händen der einzelnen Amtsgerichte. Über 200 Grundbuchregister gibt es in der Republik. Die vollständige Digitalisierung ist bis heute nicht abgeschlossen. Noch nicht einmal die Regierungen wissen, wem die Städte gehören.[43] Die Bundesregierung oder Landesregierungen müssen sich selbst auf aufwendige Recherchen von Wissenschaftler*innen oder kritischen Journalist*innen stützen, um ansatzweise herauszufinden, wem die Stadt gehört. Sind diese Eigentumsverhältnisse schon schwer zu durchschauen, so wird es gänzlich unübersichtlich, wenn es darum geht, woher das investierte Geld eigentlich stammt.

Intransparenz ist das eine, mangelnde Kontrolle und eine miserable Aufsicht über Geldwäsche im Immobilienbereich das andere. Das Gesetz vertraut auf Immobilienmakler*innen und Notar*innen und verpflichtet sie, Verdachtsfälle zu melden. Aber warum sollten ausgerechnet diejenigen, deren Provisionshöhe von hohen Immobilienpreisen abhängt, es hier mit der Wahrheit so genau nehmen? Und bei den großen Geschäften, die als Share Deal getätigt werden und für Geldwäsche besonders attraktiv sind, finden Makler*innen gar nicht statt.[44] Dem entsprechend mager fällt die Summe der gemeldeten Verdachtsfälle aus: 2019 gab es bundesweit lediglich 84 Verdachtsmeldungen von Immobilienmakler*innen – und das ist schon ein historischer Höchstwert. Nicht besser sieht es bei Notar*innen aus, denen eine Schlüsselstellung beim Immobilienkauf zukommt. Jede Immobilie, die in Deutschland gekauft wird, geht bei einem Notar oder einer Notarin über den Tisch. Und bei einem Umfang von bis zu 25 Milliarden Euro, die im Immobilienbereich versteckt werden, sind 17 Verdachtsmeldungen, die 2019 von Notar*innen kamen, offensichtlich zu wenig.[45] Die Provision der Notar*innen hängt ebenfalls von der Höhe des Immobilienpreises ab. Ihnen eine Schlüsselstellung bei der Bekämpfung der Geldwäsche im Immobilienbereich einzuräumen, heißt nichts anderes, als den Bock zum Gärtner zu machen. Sie haben erfolgreich dafür lobbyiert, dass für sie nur eine eingeschränkte Meldepflicht gilt. Im Ergebnis melden italienische Notar*innen 716-mal so viele Verdachtsfälle von Geldwäsche im Immobilienbereich wie in Deutschland.[46]

Und wer überwacht und kontrolliert, ob die Immobilienmakler*innen und Notar*innen bei Geldwäsche ihren Verpflichtungen nachkommen? Fast niemand. Die Zuständigkeiten für die Kontrollen von Geldwäsche außerhalb des Finanzbereichs liegen in 16 Ländern, die es zum Teil an die Landkreise durchreichen. Im Ergebnis ist die Zuständigkeit auf über 300 unterschiedliche Behörden verteilt.[47] Personal für die Kontrollen gibt es kaum. 2017, als das Immobiliengeschäft brummte, verfügten etwa die beiden Stadtstaaten Berlin und Hamburg für das Immobiliengeschäft gerade einmal über 1,45 bzw. 3,55 Stellen zur Kontrolle von Geldwäsche.[48] Eine personelle Aufstockung würde sich in jedem Fall lohnen. Eine 2020 in Berlin eigens eingerichtete Taskforce Geldwäsche fand bei der Überprüfung von 25 Notar*innen auf Anhieb elf Verdachtsfälle, die die Notar*innen selbst nicht gesehen haben.[49]

Und auch die Financial Intelligence Unit, die zur besseren Verfolgung von Geldwäsche auf Bundesebene eingerichtet wurde, hatte lange Zeit zu wenig Personal und zu wenig Kompetenzen: Zeitweise stapelten sich bis zu 30 000 noch zu bearbeitende Fälle in der überforderten Behörde.[50] Transparency International geht davon aus, dass die Organisierte Kriminalität hingegen bestens organisiert und vernetzt ist, wenn es darum geht, schmutziges Geld mit Immobilien reinzuwaschen. Kriminelle Profis treffen also auf unterbesetzte Behörden, verkrustete Strukturen und viel zu laxe Regeln auf Seiten des Staates.

Anders als in Italien sind die Behörden hierzulande auch kaum bereit, kriminelles Vermögen zu konfiszieren. Das macht es für die italienische Mafia attraktiv, das Geld in Deutschland in den legalen Finanzkreislauf einzuschleusen.[51] Der Immobilienbereich bietet sich dafür geradezu an, denn es ist bis heute in Deutschland nicht verboten, ein Haus mit einem Koffer Bargeld zu bezahlen. Ja, richtig: Mit einem Koffer voller Scheine kann man in Deutschland eine Villa kaufen, und einiges spricht dafür, dass das nicht zu selten passiert.

Auch hier stellt sich wieder die Frage: Warum sieht die Politik zu, warum greift der Staat nicht härter durch? Schließlich geht es bei Geldwäsche um unappetitliche Gewinne, die aus Waffen –, Menschen- oder Drogenhandel stammen, aus Zwangsprostitution oder Schutzgelderpressung. Und das viele Geld, das in Immobilien geparkt wird, schraubt die Preise so weit nach oben, dass Kommunen, Genossenschaften oder Familien im Überbietungswettbewerb nicht mehr mithalten können. Bei einer Überprüfung durch die Financial Action Task Force (FATF), ein internationales Gremium zur Bekämpfung von Geldwäsche, fiel Deutschland fast durch. Nur 29 von 49 Kriterien wurden erfüllt, die Republik entging knapp der Einstufung als »Risiko für das internationale Finanzsystem«.[52] Die Versäumnisse hatte noch Peer Steinbrück zu verantworten. Doch insbesondere Wolfgang Schäuble (*CDU*) wird nachgesagt, zu seiner Zeit als Bundesfinanzminister bei der Ahndung von Geldwäsche nicht besonders forsch gewesen zu sein. So soll er den Vorschlag von Europol, eine Obergrenze bei Bargeldzahlungen einzuführen, blockiert haben.[53] Auch das Transparenzregister, das die eigentlichen Eigentümer*innen offenlegen soll, die sich hinter Gesellschaften und Briefkastenfirmen verbergen, wurde 2017 erst eingeführt, nachdem die EU Sanktionen angedroht hatte.[54] Wegen Schlupflöchern, Lücken und bürokratischem Aufwand musste es 2012 nachgebessert werden: »Deutschland hat sich in der internationalen Gemeinschaft blamiert; andere Länder haben das Register viel besser hinbekommen«, kritisierte der *LINKEN*-Abgeordnete Axel Troost später.[55] Schäuble war es auch, der ein zentrales Immobilienregister blockierte, das es in den meisten europäischen Ländern inzwischen gibt.

Doch auch sein Nachfolger im Amt des Bundesfinanzministers, der heutige Kanzler Olaf Scholz, packte das Problem nicht mit der Verve an, die zu wünschen gewesen wäre. Das von ihm geführte Finanzministerium lehnte mehr Transparenz bei den Grundbüchern gleichfalls ab. »Eine Lockerung der

Einsichtnahme komme nicht in Betracht.«[56] Die Anti-Geldwäsche-Einheit Financial Intelligence Unit (FIU) bekam er nicht richtig in den Griff.[57] Auch die skandalöse Bargeldzahlung von Immobilien blieb während seiner Amtszeit bestehen. Die Ampelkoalition will den Bargeldkauf von Immobilien jetzt endlich abschaffen. Olaf Scholz scheint nicht die treibende Kraft hinter dieser Verabredung gewesen zu sein: In einem »Tagesschau«-Interview begründete er seine ablehnende Haltung gegen ein Bargeldverbot mit den lapidaren Worten: »Bargeld ist in Deutschland sehr beliebt.«[58] Doch leider sieht man dem beliebten Bargeld nicht an, ob es aus Omas Sparstrumpf oder aus illegalem Waffenhandel stammt.

Und warum diese Zurückhaltung der deutschen Politik? Verräterisch ist die Antwort des Bundesfinanzministeriums auf eine Anfrage der Linksfraktion. Mit einer Beteiligung an einem europäischen Immobilienregister würde Deutschland den Datenschutz bei Immobilienkäufen aufweichen und »damit den Standortvorteil rechtssicherer und zugleich kostengünstiger Immobilientransaktionen gefährden«.[59] Hier scheint mir der eigentliche Grund für die müde Geldwäschebekämpfung zu liegen. Offenbar sah man im Bundesfinanzministerium im verschwiegenen Grundbuchwesen einen »Standortvorteil«, um internationale Investoren anzulocken und sich das große Geld ins Land zu holen. Holt die sichere Schweiz mit ihrem Bankgeheimnis Kapital ins Land, so tut es Deutschland mit seinen verschwiegenen Grundbüchern. Es wird weg geschaut, wenn der »Investor« aus der Organisierten Kriminalität stammt. Geld kommt ins Land, kurbelt die Wirtschaft an, Steuern werden gezahlt – und schon wird das eine oder andere Auge zugedrückt. Letztendlich profitiert der Staat von der Geldwäsche. Und Geld stinkt bekanntermaßen nicht.

Das Geschäft mit dem Bauland – warum die Bodenspekulation ungebremst weitergeht

»Die Tatsache, dass der Grund und Boden unvermehrbar und unentbehrlich ist, verbietet es, seine Nutzung dem unübersehbaren Spiel der freien Kräfte und dem Belieben des einzelnen vollständig zu überlassen; eine Rechts- und Gesellschaftsordnung zwingt vielmehr dazu, die Interessen der Allgemeinheit beim Boden in weit stärkerem Maße zur Geltung zu bringen als bei anderen Vermögensgütern. Der Grund und Boden ...kann ... nicht wie eine mobile Ware behandelt werden.«

(Entscheidung des Bundesverfassungsgerichtes 1967)[60]

Sind Preise von 6500 Euro pro Quadratmeter Bauland[61] in München mit dieser klugen Feststellung des Bundesverfassungsgerichtes vereinbar? Oder die Tatsache, dass die Bodenpreise in der Zeit von 1962 bis 2015 bundesweit um etwa 1600 Prozent gestiegen sind?[62] Wohl kaum. In München stiegen die Grundstückspreise seit den 50er-Jahren um sagenhafte 34283 Prozent.[63] In dieser Berechnung des ehemaligen Bundesbauministers und Vordenkers in der Wohnungspolitik, Hans-Jochen Vogel, sind die enormen Preissteigerungen der letzten Jahre noch nicht eingerechnet. Kein Wunder, dass ich keine Diskussionsveranstaltung mehr zum Thema bezahlbares Wohnen machen kann, ohne dass sich Menschen über diese Bodenpreisexplosion beklagen.

Auch den ländlichen Raum hat das Problem längst erreicht. Baulandpreise sind auf einem Rekordniveau und sorgen dafür, dass Bauen immer teurer, für viele inzwischen viel zu teuer geworden ist.[64] Unterschlagen wird häufig, dass rund 80 Prozent der gestiegenen Immobilienpreise auf gestiegene Bodenpreise zurückzuführen sind.[65] Und auch, welche unrühmliche Rolle die Parteien dabei spielten, dass im Grunde nichts getan wurde. Die Geschichte der Bodenspekulation ist schnell erzählt. Denn: Es ist nichts passiert. Das politische Versagen in dieser Frage lässt sich am besten mit dem Begriff »unterlassene Hilfeleistung« beschreiben. Die Bodenpreise stiegen seit der Gründung der Bundesrepublik exorbitant und nichts wurde dagegen unternommen.

Unbestritten ist, dass Boden ein besonderes Gut darstellt, weil er lebensnotwendig und vor allen Dingen nicht vermehrbar ist. Es gibt eben nur so viel Boden, wie die Erde uns zur Verfügung stellt. Das Argument der Marktapologeten, einfach mehr zu bauen, wenn die Mieten steigen, damit sich das Angebot vergrößert, ist beim Boden schlichtweg nicht anwendbar. Auf die Idee, den Wannsee bei Berlin oder den Starnberger See bei München zuzuschütten, um mehr Boden zu gewinnen, ist Gott sei Dank noch niemand gekommen. Bodenpolitik ist zweifelsohne ein Schlüssel zur Lösung der Wohnungsfrage.

Die politische Untätigkeit in der Bodenpolitik ist umso erstaunlicher, wenn man sich vor Augen hält, dass es in Deutschland seit Ende des 19. Jahrhunderts eine starke Bodenreformbewegung gegeben hat, die sich aus dem gesamten politischen Spektrum speiste. Angesichts des »Zufallsreichtums«, der Besitzer*innen von dürren Äckern dadurch über Nacht in den Schoß fiel, dass die Kommune daraus Bauland gemacht hat, entbrannte in den späten 60er-Jahren eine Debatte über Bodenspekulation und die durch Wertsteigerung entstandenen »leistungslosen Gewinne«. In der Kritik standen diese allein durch Spekulation entstandenen Gewinne, die den Grundeigentümer*innen zufallen und im Grunde durch die Arbeit der zukünftigen Käufer*innen oder und Mieter*innen erwirtschaftet werden. Diese Debatte ist der Hintergrund für Artikel 15 des Grundgesetzes, der die Überführung von Grund und Boden in Gemeinschaftseigentum ermöglicht und den das Berliner Volksbegehren »Deutsche Wohnen & Co. enteignen« erstmalig anwenden will. All diese Überlegungen beruhen auf dem Gedanken, dass der Boden keine gewöhnliche Ware, sondern ein besonderes Gut darstellt.

Die *SPD* setzte 1970 eine Kommission für eine Bodenrechtsreform ein. Insbesondere Hans-Jochen Vogel, der ehemalige Oberbürgermeister von München und spätere Bundesbauminister, trieb das Thema voran und wird bis heute damit verbunden. Die Vorschläge der Kommission waren aus heutiger Sicht teilweise unglaublich radikal. Nach heutigen Maßstäben würde Vogel als Kommunist gelten.[66] Andere Ideen, wie die Besteuerung der Spekulationsgewinne, fanden breite gesellschaftliche Akzeptanz. Die *SPD* machte den Kampf gegen die Bodenspekulation zum Wahlkampfthema 1972, es wurde sogar als das »wichtigste sozialliberale Reformvorhaben« der Koalition aus *SPD* und *FDP*, als »Jahrhundertgesetz« gehandelt.[67]

Doch es half nichts. Außer Spesen nichts gewesen. Keiner der kühnen Vorschläge fand am Ende seinen Weg ins Gesetz. Die Widerstände waren zu groß: Die oppositionelle *CDU* blockierte den Kampf gegen die Bodenspekulation von Anfang an durch ihre Mehrheit im Bundesrat.[68] Die sozial-liberale Koalition aus *SPD* und *FDP* diskutierte viele Jahre und wurde sich nicht einig. Warum? Bereits 1971 ahnte der *Spiegel*, warum eine Reform zu scheitern droht: »Die Scheu vor den Millionen Haus- und Grundbesitzern und ihrem militanten Verband sowie steuertechnische Schwierigkeiten hinderten Bonns sozialliberale Regierung bislang daran, die Spekulation mit dem unvermehrbaren Boden einzudämmen.«[69] Die Bodenrechtsreform scheiterte am Widerstand der Grundbesitzer, der oppositionellen *CDU*, die eine Kampagne führte, und am Koalitionspartner, der *FDP*.[70] Auch die Landwirte, die von der Umwidmung von Acker- in Bauland erheblich profitierten, waren nicht begeistert.[71]

Seitdem hatte auch keine folgende Regierung mehr den Mut, das Thema anzufassen. Im Gegenteil, es war komplett in der Versenkung verschwunden. Hans-Jochen Vogel stellte kurz vor seinem Tod, 50 Jahre nach der von ihm angestoßenen Debatte, ernüchtert fest: »Wir stehen also noch immer vor der gleichen Situation wie Anfang der siebziger Jahre … Aber ich sträube mich dagegen, dass das Gemeinwohl auf diesem Gebiet vor der Macht des Marktes kapituliert.«[72]

Die bodenpolitische Diskussion nimmt seit einigen Jahren wieder an Fahrt auf. Es gibt gerade in der Bodenfrage eine große Anzahl guter Vorschläge, an denen sich hochkarätige Wissenschaftler*innen, Stadtplaner*innen und eine kritische Zivilgesellschaft beteiligt haben.[73] Traurig ist: Nichts von alledem hat es in den aktuellen Koalitionsvertrag der Ampel geschafft. Noch nicht einmal die aus der bodenpolitischen Szene hervorgebrachte Forderung nach einer Enquete-Kommission für die Bodenpolitik. Die Spekulation mit Bauland kann ungebremst weitergehen. Die Besitzer*innen großer Baugrundstücke wird es freuen. Kommunen, Genossenschaften und Familien schauen in die Röhre. Mit jedem Euro, um den der Quadratmeterpreis steigt, schwinden ihre Chancen, ein Stück vom Kuchen abzukriegen. Dass über Jahrzehnte niemand den Mut hatte, das Problem explodierender Baulandpreise anzugehen oder den Profiteur*innen wenigstens eine Steuer abzuverlangen, hat entscheidend dazu beigetragen, dass die Schere zwischen arm und reich auseinanderklafft und Wohnen zu einer Klassenfrage geworden ist.

Wohnen als neue Klassenfrage: Wie das Land immer ungerechter wird und welchen Anteil Immobilien daran haben

> »Wer hat Bock auf eine Runde Monopoly 2020? Wir spielen mit 10 Leuten, einer besitzt am Anfang des Spiels 90 % des Geldes und der Immobilien, kann sich bei der Bank so viel Geld leihen, wie er möchte, zahlt keine Steuern und muss nie ins Gefängnis. 4 Spieler teilen sich 9 %, weitere 5 die verbleibenden 1 %.«

Sie finden das absurd? »Wenn Dir das nicht gefällt, bist Du Sozialist und willst zurück in die Steinzeit«, heißt es weiter in diesem Text, der mit einem Bild des beliebten Brettspiels Monopoly versehen ist und im Internet kursiert. Die meisten Grundstücke sind auf dem Foto schon verkauft, die besten Lagen sind schon weg. Übertrieben? Vielleicht. Aber in jedem Fall näher an der Realität als das echte Monopoly, bei dem am Anfang alle mit den gleichen Bedingungen starten – und selbst da kann das Spiel unbarmherzig genug sein.

Schlimmer ist es im wahren Leben. Denn der Immobilienbesitz in Deutschland ist sehr ungleich verteilt. Während die ärmere Hälfte der Bevölkerung nur drei Prozent »aller« Wohnimmobilien ihr Eigentum nennen kann, besitzen die oberen zehn Prozent der Bevölkerung etwa 60 Prozent des Hausbesitzes.[74] Das wahre Leben beginnt mit den ungleichen materiellen Bedingungen, die wir von Geburt an haben, die uns in die Wiege gelegt wurden, ob wir es wollen oder nicht: Einige wenige werden durch Erbschaften so reich, dass sie ihr Leben lang nicht arbeiten müssen, weil sie zum Beispiel komplett von Mieteinnahmen leben können. Mieteinnahmen, die diejenigen, die nicht mit einem goldenen Löffel im Mund geboren wurden, für sie erarbeiten. Andere gehen ihr Leben lang hart arbeiten, sagen wir als Krankenpfleger oder Maurerin, und müssen trotzdem die Hälfte ihres Einkommens für Wohnen ausgeben. Wieder andere arbeiten in besser bezahlten Jobs wie Lehrer oder im öffentlichen Dienst und werden es trotzdem nicht schaffen, eine Wohnung oder ein Haus ihr Eigen zu nennen. Das ist in den Metropolen für weite Teile der Mittelschichten inzwischen der Fall – es sei denn, sie haben geerbt. Und schließlich gibt es eine wachsende Zahl von Wohnungslosen, die aus dem System gefallen sind. Sie schlafen dann in den Hauseingängen von Häusern, die leer stehen, deren Türen aber verschlossen sind. Machen wir uns nichts vor: Mit Leistungsgerechtigkeit hat das nichts zu tun.

Nun kann man natürlich sagen, jede Gesellschaft hat ihre Ungleichheit. Das Grundgesetz sichert das Recht auf Eigentum und auf Erben. Soziale Ungleichheit wäre in einem gewissen Maße vertretbar, solange die soziale Durchlässigkeit gewahrt würde. Wenn also diejenigen, die kein Vermögen erben, trotzdem gut wohnen können und der Zugang zu Eigentum demokratisch verteilt wäre. Und wenn diejenigen, die sehr viel erben, sich stärker als andere an der Finanzierung des Gemeinwohls beteiligen müssen. Nicht zuletzt deshalb, damit etwa durch gute Schulen und bezahlbare Wohnungen der soziale Frieden gewahrt und Aufstiegschancen geschaffen werden.

Doch es wird ungleicher in Deutschland und in Europa. Der bekannte französische Wirtschaftswissenschaftler Thomas Piketty hat in umfangreichen Studien nachgewiesen, dass die meisten untersuchten Gesellschaften ungleicher werden. Während viele westeuropäische Länder, darunter Deutschland, in der Nachkriegszeit verhältnismäßig egalitär waren, so nimmt die soziale Ungleichheit wieder zu. Heute, so seine These, haben wir wieder eine Vermögensverteilung wie im Feudalismus, in der eine schmale Schicht von Superreichen einen Großteil des gesamten Vermögens besitzt. Sie werden immer reicher, weil sie aus viel Geld noch mehr Geld machen können. Die mittleren und unteren Schichten werden zunehmend abgehängt und kommen nicht mehr hinterher. Im Laufe der Zeit werden Vermögen, die durch Erbschaften entstehen, immer größer und es wird schwieriger, mit Arbeit den gleichen Reichtum zu erwirtschaften.[75] Die Vermögenskonzentration steigt immer weiter an – es sei denn, der Staat würde sie durch eine sinnvolle Erbschaftssteuer begrenzen, die kleine Erbschaften schont, aber bei den oberen zehn Prozent kassiert. Doch leider gilt der Grundsatz: je größer die Erbschaft, desto geringer die Steuer. Verkehrte Welt? Nein, das ist die traurige Realität.

Immobilien spielen bei der wachsenden Ungleichheit eine immer größer werdende Rolle. Ihr Anteil am Vermögensbesitz steigt im Laufe der Jahrzehnte in allen untersuchten Industrienationen, am stärksten in Frankreich.[76] In den Genuss einer vererbten Immobilie kommt allerdings nur eine Minderheit: Tatsächlich »lebt heut rund jeder vierte Haushalt mit Immobilien in direkt geerbtem oder geschenktem Eigentum«.[77] Eine Immobilie selbst zu kaufen, wird immer schwieriger. Ein Grund sind die bereits beschriebenen regelrecht explodierenden Bau- und Kaufpreise, ein anderer ist, dass durch die ständig steigenden Mieten weniger Geld angespart werden kann. Die Zunahme befristeter Beschäftigungsverhältnisse bedeutet für viele, dass sie keinen Kredit bekommen. Wer hingegen eine oder gleich mehrere Immobilien geerbt hat, ist fein raus.

Ein Forschungsteam um den Bonner Ökonomie-Professor Moritz Schularick kann die unglückliche Entwicklung für Deutschland bestätigen. Er hat nicht nur herausgefunden, dass die Preise für Eigenheime und Eigentumswohnungen in

Deutschland stärker als in den meisten anderen Ländern steigen. In Berlin, Hamburg und München stiegen die Preise um 90 Prozent, das ist im internationalen Vergleich fast einzigartig. Seit 2011 stieg das Vermögen der Immobilienbesitzer*innen um die astronomische Summe von mehr als drei Billionen Euro. Davon profitierten vor allem die oberen zehn Prozent. Verlierer*innen des Immobilienbooms sind Mieter*innen und Käufer*innen von Wohneigentum, die jetzt kaufen. Belastet werden Haushalte mit wenig Geld, die zur Miete wohnen, für die die Wohnkosten dramatisch steigen. Der Vermögensbesitz der unteren Hälfte stagniert, nimmt im Vergleich sogar dramatisch ab.[78]

Eine erschreckend traurige Bilanz. Der wachsende Reichtum der Wenigen und die weitere Verarmung der Armen, aber auch der städtischen Mittelschichten, hängen damit zusammen. Es sind die unteren 50 Prozent, die kein Haus und keine Wohnung besitzen, die die wundersame Vermögensvermehrung der Wenigen mit ihrer Mietzahlung erwirtschaften. Der Immobilienboom sorgt dafür, dass wenige immer reicher werden, einfach nur durch Abwarten, und bei der Preisexplosion zusehen. Der *Spiegel* kommentiert: »Die Nicht-Gewinner müssen für Glanz und Gloria der Betuchten zahlen.«[79] Das Schlimmste ist: Diese Entwicklung wird sich vermutlich fortsetzen. Mit einer sozialen Marktwirtschaft hat das nichts mehr zu tun, mit Gerechtigkeit schon gar nicht. Der Immobilienboom spaltet das Land. Wohnen ist zur neuen Klassenfrage geworden.

Selbstnutzende Eigentümer*innen profitieren nur bedingt von der enormen Wertsteigerung, sie sind gewissermaßen Sitzriesen. Das Vermögen, das sie besitzen, steigt zwar, aber solange sie darin wohnen, haben sie eigentlich nichts davon. Bereichern kann sich, wer sein Haus verkauft – zum Beispiel weil man mehr als eins besitzt: »Immobilien- und Wohnungsverkäufer*innen, besonders diejenigen, die vor 2012/2013 gekauft oder geerbt haben und jetzt weiterverkaufen, sind die Hauptprofiteure dieser Entwicklung. Sie können in wenigen Jahren Wertsteigerungen von teilweise 300 Prozent realisieren und darauf noch nicht einmal Steuern zahlen«.[80] Wie bitte? Ja, genau. Zehn Jahre nach Erwerb der Immobilie ist der Verkaufserlös faktisch steuerfrei.

Die Kluft wird größer – nicht nur zwischen unten und oben, zwischen Vermögenden und Besitzlosen, sondern auch zwischen den Generationen. Diejenigen, die heute jung sind, haben das Nachsehen. Sie müssen deutlich mehr Zeit aufwenden, um ihren Lebensunterhalt zu finanzieren. Und auch der Unterschied zwischen Ost und West. Gibt es im Osten historisch schon sehr viel weniger Vermögende, profitieren vom aktuellen Boom vor allem Bayern und Baden-Württemberg – und vertiefen somit die Schere. Der Traum vom Eigenheim steht nur noch Erb*innen oder Besserverdienenden offen. Nicht nur steigende Mieten, auch gestiegene Preise für Eigentumswohnungen vergrößern die soziale Ungleichheit. Im Ergebnis führen der Mietenwahnsinn und der Immobilienboom zu einer enormen Vermögenskonzentration. »Fast die Hälfte der Stadt (Berlin) gehört wenigen Tausend Multimillionär*innen«, so fasst der Ökonom Christoph Trautvetter, der versucht, den Besitzverhältnissen auf dem Immobilienmarkt nachzugehen, die Ergebnisse seiner Studie zusammen.[81] Spekulation spaltet die Gesellschaft. Eine relativ kleine Gruppe von Menschen im Besitz von vielen Immobilien profitiert zuungunsten der Mehrheit.[82]

Wenn es für so viele Menschen schon schwierig ist, die Mieterhöhung der eigenen Wohnung zu zahlen oder gar eine neue Wohnung in einfachen Wohnlagen zu finden – wer kann sich dann eigentlich eine Villa in der Schlossallee leisten? Die zunehmende soziale Spaltung lässt sich nicht nur von Ökonom*innen berechnen, wir sehen sie auch tagtäglich in den Städten. »Der größte Teil der besonders wertvollen und am schnellsten im Wert gestiegenen Wohnungen in der Innenstadt gehört Unternehmen oder vermögenden Privatpersonen.«[83] Je besser die Lage, desto unerschwinglicher werden sie. Das lässt sich fast in jeder deutschen Großstadt beobachten. Die Innenstädte werden immer teurer.

Alteingesessene Mieter*innen werden dadurch verdrängt. Sehr bewegt hat mich die Begegnung mit einer alleinerziehenden Mutter, die durch eine Modernisierung die Miete nicht mehr zahlen konnte. Sie fand in der Innenstadt nichts Neues. Ihre Kinder mussten in eine andere Schule, in eine andere Kita gehen, sich am Stadtrand neue Freunde suchen. Auch die Zahl von Zwangsräumungen steigt seit Jahren. Selbst im Jahr der Corona-Pandemie wurden 30 000 Zwangsräumungen durchgeführt – das sind rechnerisch 82 pro Tag.[84]

Die Studie von Prof. Schularick wurde übrigens durch die Deutsche Forschungsgemeinschaft (DFG) gefördert. Niemand Geringerer als Olaf Scholz, damals noch Vizekanzler, nahm sie entgegen. »Für eine kluge und durchdachte Politik ist eine solide Bestandsaufnahme unabdingbar. [...] Sozialer Zusammenhalt kann nur gelingen, wenn alle am Wachstum und Erfolg unserer Gesellschaft teilhaben«, wird er zitiert.[85] Die solide Bestandaufnahme ist gemacht. Die kluge und durchdachte Politik steht noch aus. Im Koalitionsvertrag der Ampel findet sich weder zur Reform der Erbschaftssteuer noch zur Besteuerung von Immobilienverkäufen ein einziges Wort.

3 Die Macht der Lobby – warum sich am Mietenwahnsinn nichts ändert

Wir haben gesehen, wie sich die Verhältnisse immer mehr zu Ungunsten der Mieter*innen entwickelt haben und Menschen einen immer größeren Teil ihres Einkommens für Wohnen ausgeben müssen. Seit vielen Jahren spitzt sich die Situation zu, ja weitet sich sogar auf das ganze Land aus, ohne dass etwas Nennenswertes passiert ist. Mieter*innen haben deutlich schlechtere Karten in der Hand als vor ein paar Jahrzehnten, während andere auf dem Weg sind, das Monopoly zu gewinnen. Diese Entwicklung ist um so erstaunlicher, als dass die Mehrheit in diesem Land zur Miete wohnt. Nur 46,5 Prozent aller Deutschen leben im selbst genutzten Eigenheim bzw. in einer Eigentumswohnung. Noch deutlich weniger sind es in den Großstädten. In Berlin leben nur 17 Prozent der Haushalte in ihrem Eigentum, in Bremen 28 Prozent. Nicht viel anders sieht es in den ostdeutschen Flächenländern aus. In Sachsen liegt die Eigentumsquote nur bei knapp 35 Prozent.[1]

Wie kann es da sein, dass die Interessen der Mieter*innen im Laufe der Zeit so ins Hintertreffen geraten sind, dass Wohnen für viele unbezahlbar geworden ist? Spekulation und Mietenwahnsinn, Geldwäsche und Wohnungsnot – eine unheilvolle Entwicklung im Interesse weniger. Warum hat die Politik dabei so lange zugesehen – und es am Ende sogar mit befördert? Warum setzen sich die Interessen der Mehrheit in der Politik nicht durch? Dafür gibt es eine Vielzahl von Gründen, denen ich in diesem Kapitel nachgehen will.

Da spielt der Standpunkt, das Eigeninteresse, aber auch die Überforderung von Politiker*innen sicherlich eine entscheidende Rolle, darum geht es im ersten Teil. Im zweiten Teil werde ich mich mit den Mythen, den Träumen und den Ängsten befassen, die dazu beitragen, dass die Interessen der Mieter*innen hinten runterfallen. Und drittens geht es um Geld, um sehr viel Geld. Hier kommt die Lobby ins Spiel. Schließlich geht es um die eigenen Fehler und das Versagen von Mitte-links.

I. Das Sein bestimmt das Bewusstsein

Beginnen wir zunächst mit einem Blick auf die Entscheider*innen. Auch in der Politik bestimmt das Sein das Bewusstsein. Der Deutsche Bundestag ist kein repräsentativer Durchschnitt der Bevölkerung. Fast 90 Prozent aller Abgeordneten besuchten eine höhere Schule, zwei Drittel eine Universität.[2] Da der Zugang zur Universitätsbildung in Deutschland sehr stark von der Herkunft abhängt, kann man davon ausgehen, dass mehr Abgeordnete »aus gutem Hause« stammen als der Durchschnitt der Bevölkerung. Hinzu kommt eine ordentliche »Diät«, die nicht wenige Abgeordnete mit einträglichen Nebeneinkünften aufpäppeln. Ganz zu schweigen von den Gehältern von Minister*innen, Staatssekretär*innen oder auch leitenden Beamt*innen, die einen erheblichen Einfluss auf Politik und Gesetzgebung haben. Viele in der politischen Klasse werden nie die Erfahrung gemacht haben, dass eine Mieterhöhung eine existentielle Bedrohung darstellen kann. Teure Mieten sind leistbar, viele besitzen Eigentum.

Und wer schließlich viele Immobilien oder entsprechende Aktienpakete besitzt, profitiert automatisch auch vom Immobilienboom. Welches Interesse sollten sie also haben, den Handel mit Immobilien oder Spekulationsgewinne stärker zu besteuern? Viele Politiker*innen urteilen und entscheiden aus ihrer eigenen Perspektive – und nicht vom Standpunkt der Mieter*innen. Das ist das eigentliche Problem.

In den Anfangsjahren der Bundesrepublik, in der die Grundlagen für die Wohnungspolitik gelegt wurden, sah das noch anders aus. Soziale Instrumente in der Wohnungspolitik wie etwa der Soziale Wohnungsbau oder die Förderung der Gemeinnützigen fanden breite Unterstützung in der Politik, auch von Unionsabgeordneten. Wissenschaftler führen dies auch auf das persönliche Erleben in der Nachkriegszeit zurück: »In Übereinstimmung mit den Sozialdemokraten griffen sie auf die Weimarer Jahre zurück, die für viele der Wohnungspolitiker der Nachkriegszeit auch persönliche Lehrjahre gewesen waren.«[3] Heute fehlen vielen diese Lehrjahre.

Das entschuldigt nicht die Empathielosigkeit, die ich häufig beobachte: nämlich die mangelnde Bereitschaft, sich in die Lage Schwächerer hineinzuversetzen und sie zum Ausgangspunkt von Politik zu machen – und nicht die eigenen Interessen. »Die letzten sollen die ersten sein«, heißt es in der Bergpredigt. Besonders die Parteien mit dem großen C im Namen verstehen darunter aber offenbar eine Forderung für das Jenseits. Nein. Es ist ein Auftrag für das Hier und Heute.

Aus dem eigenen Blickwinkel zu handeln, erklärt auch die Mittelschichtsorientierung der Wohnungspolitik. Genauer gesagt eine Orientierung auf die gehobeneren Mittelschichten.

So plante die Große Koalition in ihrer letzten Legislaturperiode, zum Höhepunkt des Mietenwahnsinns, mit über drei Milliarden Euro im Jahr dreimal so viel für das Baukindergeld ein wie für den Sozialen Wohnungsbau. Eine fragwürdige Prioritätensetzung, die nur wenig zur Linderung der größten Problemlagen auf dem Wohnungsmarkt beiträgt, denn diese bestehen vor allem für Gering- und Durchschnittsverdiener*innen in den Städten. Das Baukindergeld hingegen kam vorwiegend mittelständischen Familien im ländlichen Raum zugute.

Dabei mag auch das Schielen auf Wählerpotentiale eine Rolle spielen, da der Anteil von Wähler*innen etwa in Großwohnsiedlungen zurückgeht. So musste beispielsweise Konrad Adenauer in den 50er-Jahren noch sehr darauf achten, Mieter*innen nicht zu verprellen. Die Wahlbeteiligung der unteren Schichten nimmt seit geraumer Zeit ab. Die Enttäuschung von sozialdemokratischen oder linken Regierungen spielt dabei sicherlich eine Rolle.[4] Zudem leben hier viele Migrant*innen, die nicht wahlberechtigt sind.[5] Auf sie wird immer weniger Rücksicht genommen. Hinzu kommt, dass Menschen mit höheren Bildungsabschlüssen damals wie heute über mehr Möglichkeiten verfügen, sich Gehör zu verschaffen und für ihre Anliegen zu werben – sei es über Zeitungen, andere Medien oder über Twitter. Im Jahr 2020 wurden zum Beispiel die Mittel für den Sozialen Wohnungsbau auf der Hochphase des Mietenwahnsinns von der Großen Koalition um ein Drittel gekürzt – von 1,5 Milliarden auf eine Milliarde Euro. Es war mir kaum möglich, diesen skandalösen Vorgang in die Medien zu bekommen. Als der neue Wirtschaftsminister Robert Habeck aber Anfang 2022 ein Förderprogramm für den Neubau von energiearmen Häusern, das bei Häuslebauern besonders beliebt war, eine Woche früher als angekündigt beendete, war der

Aufschrei enorm. Es kam in der »Tagesschau«, auf die Titelseite des *Spiegels*. Die Regierung musste einlenken, verlängerte die Förderung, erhöhte den Etat auf knapp zehn Milliarden Euro in einem Jahr. Politiker*innen rechnen sich mit Wohltaten für eine laute und durchsetzungsfähige Gruppe mehr Stimmen aus als mit Linderung der Not für die Schwächsten. Klientelpolitik nennt man so etwas.

Und schließlich: Viele Politiker*innen stammen aus ländlichen Regionen. Der Bundestag setzt sich ungefähr zur Hälfte aus direkt gewählten Abgeordneten aus den 299 Wahlkreisen zusammen, von denen die meisten in der Fläche liegen. Ich habe es oft erlebt, dass Abgeordnete aus dem ländlichen Raum gegen Hilfen für Mieter*innen in den Städten opponierten. Als ich im Jahr 2016 zum ersten Mal einen Neustart im Sozialen Wohnungsbau einforderte, hielt mir die Rednerin der CDU entgegen, es sei besser, im sächsischen Vogtland Eigenheime zu bauen.[6] Gerade in Sachsen wurde Stimmung gemacht gegen die Neuauflage des Sozialen Wohnungsbaus in Leipzig und Dresden, der lange brach lag. Auch Vertreter*innen der Wohnungswirtschaft oder der ländlichen Kommunen übten heftige Kritik: In der Verteuerung der Städte sahen viele die Chance für den ländlichen Raum. Warum müssen wir Interessen gegeneinander ausspielen? Es ist doch nicht so schwer, dafür zu kämpfen, dass die vielen stillgelegten Bahnstrecken in Sachsen wiederbelebt werden, und gleichzeitig sicherzustellen, dass sich eine Krankenpflegerin in Dresden immer noch eine Wohnung in der Stadt leisten kann, in der sie arbeitet.

II. Ahnungslos und übertölpelt: Wenn Politiker*innen ihren Aufgaben nicht gewachsen sind

Wie wir gesehen haben, waren sich Politiker*innen bei einigen der großen Fehlentscheidungen der deutschen Wohnungspolitik nicht bewusst, welchen Schaden sie anrichten. Als Faustregel gilt: je komplizierter die Materie, desto ahnungsloser die Entscheider.

Nehmen wir die rot-grüne Steuerreform aus dem Jahr 2000. Dass nun ausgerechnet eine *SPD*-geführte Regierung dafür sorgte, dass Gewinne aus Unternehmens- und Aktienverkäufen nicht versteuert werden müssen, bezeichnet die Journalistin Utta Seidenspinner als einen »Schildbürgerstreich« und mutmaßt: »Die Zauberlehrlinge aus der *SPD* hatten ihren eigenen Steuerpakt nicht verstanden.«[7] Man kann davon ausgehen, dass den meisten Koalitions-Abgeordneten die Tragweite ihrer Entscheidung nicht bewusst war. Es ist tatsächlich kompliziert zu verstehen, was die »Steuerfreiheit für Veräußerungsgewinne von Kapitalgesellschaften« in der Konsequenz bedeutet.

Erst recht ihm Unklaren dürften den Abgeordneten gewesen sein, welche Auswirkung die Zulassung von Hedgefonds, deren Gewinne ebenfalls steuerfrei gestellt wurden[8], oder die Zulassung des Handels mit Derivaten im Immobilienbereich[9] haben wird. Die Folgen für den Wohnungsmarkt wurden bei der Beschlussfassung der Gesetze von ahnungslosen Politiker*innen mit keinem Wort erwähnt, zu groß war die Begeisterung, dass Deutschland endlich ein wichtiger Finanzplatz wird. Die größten Fehler der deutschen Wohnungspolitik erfolgten im Blindflug.

Dahinter steckt ein strukturelles Problem: Abgeordnete sind meistens keine Fachleute in den Themen, die sie bearbeiten müssen. Ein Parlament ist kein Betrieb, in dem Menschen ein

Bewerbungsverfahren durchlaufen und im besten Fall aufgrund ihrer Fachkompetenz eingestellt werden. Gewählt werden sie aus vielerlei Gründen, nicht nur wegen Kompetenz. Man wird gewählt als gute*r Redner*in, weil man von führenden Parteifreunden protegiert, von einer Lobby getragen wird oder einfach weil man als Mitglied in 27 Karnevalsvereinen im Wahlkreis fest verankert ist. Parteien können bei Listenaufstellungen darauf achten, wichtige Fachgebiete abzudecken, doch die Entscheidung treffen letztlich Wähler*innen. So müssen die meisten Abgeordneten Themen bearbeiten, auf denen sie nicht ausgebildet sind. Wir sind Amateure. Das ist so in einer Demokratie. Nicht akzeptabel ist es hingegen, dass Politiker*innen es nach meinen Beobachtungen häufig versäumen, sich in ihre Themen einzuarbeiten. Zu oft habe ich erlebt, dass Abgeordnete die »Sprechzettel« ihrer Mitarbeiter*innen einfach vorlesen oder Minister*innen die Zuarbeit der Verwaltung. Im schlimmsten Fall werden faktenfrei Klischees und Allgemeinplätze vorgetragen. Gerade von Abgeordneten aus den Regierungskoalitionen wird Disziplin erwartet. Selbstbewusste Politiker*innen, die den Mut haben, den Vorschlägen ihrer Regierung zu widersprechen, sind rar.

Weniger verzeihlich wird es dann, wenn Minister*innen nach fachfremden Kriterien ausgewählt werden – Loyalität, Zugehörigkeit zu einem mächtigen Landesverband oder innerparteilichem Lager. Wenigstens von denen, die die Hauptverantwortung auf einem Themengebiet haben, kann man verlangen, dass sie wissen, was sie tun. Doch weit gefehlt. Beim Steuersenkungsgesetz hat sich selbst Bundesfinanzminister Hans Eichel in den Auswirkungen des Gesetzes getäuscht. Entgegen seiner Intention, weniger Schulden zu machen, kamen seine Steuergeschenke für Unternehmen die Finanzämter am Ende teuer zu stehen, die Steuerausfälle waren massiv. Von den Massenprivatisierungen ganz zu schweigen. Er soll bis heute keine Einsicht über den folgenschweren Fehler zeigen.[10]

Die Massenprivatisierungen von Wohnungen durch Rot-Grün wurden *übrigens* im Bundestag nie thematisiert. Während der gesamten Regierungszeit von Rot-Grün findet sich keine Debatte, die die Privatisierung von Wohnungen zum Gegenstand hat. Entschieden wurde hinter verschlossenen Türen. Auch die Intransparenz des Politikbetriebs ist ein Problem.

Beispiel

Wurde die Steuerfreiheit von Flugbenzin mit der Abschaffung der Gemeinnützigkeit verdealt?

Wie wir bereits gesehen haben, erfolgte die Abschaffung der Wohnungsgemeinnützigkeit im Rahmen einer umfangreichen Steuerreform, bei der es im Kern um die Senkung des Spitzensteuersatzes ging, aber allerhand andere Dinge mit verhandelt wurden. Eine Theorie besagt, dass die Wohnungsgemeinnützigkeit einem politischen Kuhhandel zum Opfer fiel. Die Zustimmung Bayerns für die Abschaffung der Wohnungsgemeinnützigkeit soll mit der Steuerfreiheit von Flugbenzin für Sportflieger erkauft worden sein. Sollte also eine der größten wohnungspolitischen Sünden in der Geschichte der Bundesrepublik mit einem Entgegenkommen für Franz-Joseph-Strauß' ebenso krudem wie kleinteiligem Lieblingsobjekt verdealt worden sein?

Völlig absurd scheint dieser unverhältnismäßige Deal nicht zu sein. Lehnte der Bundesrat noch Ende April 1988 mit einer deutlichen Mehrheit von 8:3 die Abschaffung der Wohnungsgemeinnützigkeit ab, so fand die Steuerreform drei Monate auf wunderbare Weise eine Mehrheit. Auch im Bundestag spielte diese Nebensache plötzlich eine Hauptrolle. Die zahlreichen Protokollerklärungen, die Abgeordnete zu ihrem Abstimmungsverhalten bei der Steuerreform abgegeben hatten, handelten samt und sonders von der Steuerbefreiung von Flugbenzin – von der damit verbundenen deutlich schwerwiegenderen Abschaffung der Wohnungsgemeinnützigkeit kein einziges Wort.

III. Von Mythen, Träumen und Ängsten: Politik mit Pappkameraden und Emotionen

Ja, das Sein bestimmt das Bewusstsein. Doch daraus zu schließen, dass Menschen bei ihren Einstellungen oder etwa Wahlentscheidungen sich allein von ihren materiellen Bedürfnissen leiten lassen und eine nüchtern-rationale ökonomische Entscheidung treffen, mag zwar ein marxistischer Wunschtraum sein. Doch Thomas Piketty hat in seinem zweiten großen Werk, »Kapital und Ideologie«, nachgewiesen, dass es in deutlich stärkerem Maße Ideologien sind, durch die sich Menschen leiten lassen. Er kommt zu dem Schluss: »Die politische Auseinandersetzung ist vor allem eine ideologische, sie beruht nicht auf Klassengegensätzen.«[11] Menschen orientieren sich in ihren Einstellungen und Wahlentscheidungen eben nicht oder nicht nur an ihren materiellen Interessen oder rationalen Kriterien, sondern an Ideologien. Das gilt auch und insbesondere in der Wohnungspolitik. Schauen wir uns also die Leitbilder und Pappkameraden an, die zur Mietenkrise und Verdrängung in den Städten beigetragen haben.

III.1 Mythos: Der Markt wird es richten

Alle Kardinalfehler der deutschen Wohnungspolitik beruhen letztlich auf ökonomischen Interessen und auf der ideologischen Fehlentscheidung, die man auf eine simple Formel bringen kann: Der Markt soll es richten! Die These, dass der Markt es richtet, ist weit verbreitet, aber einen Beleg dafür konnte ich nicht finden. Im Gegenteil: Je mehr unregulierte Marktwirtschaft Einzug hielt, desto mehr stiegen die Mieten. Der Markt richtete es – für die Vermögenden: Ob beim Schleifen des Mietrechts, der Abschaffung der Gemeinnützigkeit, der Einladung an Fonds und Konzerne, den Wohnungsmarkt zu entern, oder bei der Massenprivatisierung – immer ging es auf ideologischer Ebene um den freien Markt – und in der Praxis darum, dass diejenigen sich die Taschen voll machen konnten, die ohnehin schon vermögend waren. Deshalb gehört beides zusammen: Die Ideologie der freien Marktwirtschaft ist der ideologische Kitt, der die hemmungslose Selbstbereicherung der Wenigen übertünchen soll. Beim Schleifen des Mietrechts spielte das Argument, die Wohnungswirtschaft aus der Zwangswirtschaft heraus in die Marktwirtschaft zu überführen, eine wichtige Rolle, ebenso bei der Abschaffung der Gemeinnützigkeit.

Einen Höhepunkt hatte diese Vorstellung zweifellos in den Nullerjahren, als der neoliberale Zeitgeist so stark, so hegemonial war, dass es dagegen fast keine Opposition mehr gab. Die Ideologie des freien Marktes wurde die Begleitmusik zur neoliberalen Austeritätspolitik: harter Sparkurs, keine Vermögensbesteuerung, schlanker Staat. Der Markt wird es schon richten.

Doch auch das aktuelle Mantra der Wohnungspolitik – bauen, bauen, bauen – folgt der Marktlogik, denn es geht davon aus, dass sich die Mietpreise durch den Zubau von Wohnungen allein regulieren lassen – nach dem Prinzip Angebot und Nachfrage. Mir ist kein Beispiel sinkender Mietpreise durch den Zubau neuer Wohnungen untergekommen. Hamburg wird gerne als Paradebeispiel für eine vorbildliche Baupolitik genannt. Doch die Mietpreise sind trotz Rekordwerten beim Neubau in zwei Jahren um 7,3 Prozent in die Höhe gesprungen.[12] Für die Marktideologie gibt es keinen Beleg in der Praxis.

Beispiel

Der neoliberale Zeitgeist und die Privatisierung der GSW Berlin

Wie wir gesehen haben, haben sich alle Parteien an der Massenprivatisierung von Wohnungen beteiligt – am stärksten die rot-grüne Bundesregierung unter Schröder. Am berühmtesten ist jedoch der Komplettverkauf der Berliner GSW an den Fond Cerberus. Berühmt deswegen, weil er ausgerechnet unter einer rot-roten-Regierung, also mit Beteiligung der *PDS*, stattfand.

Die Privatisierung der Berliner GSW im Jahr 2004 fand vor dem Hintergrund einer extremen Haushaltsnotlage der Hauptstadt statt. Man brauchte Geld. Die Große Koalition beschloss den Verkauf des geschröpften kommunalen Wohnungsunternehmens GSW.[13] Die *PDS* hatte den Verkauf in der Opposition zwar noch verhindern wollen, beugte sich allerdings, als sie selbst in die rot-rote Koalition eintrat und die Opposition vor dem Landesverfassungsgericht gegen den Haushalt der neuen Regierung klagte. Mit Erfolg: Die regierenden Parteien *SPD* und *PDS* wurden gezwungen, »alle möglichen Einnahmequellen und Ausgabeneinschränkungen« auszuschöpfen.[14] Das war der Todesstoß für die GSW. Dem Verkauf von 65 000 Wohnungen auf einen Schlag zugestimmt hatten nicht nur die regierenden *SPD* und *PDS*, sondern auch *CDU* und *FDP*.

Die Tatsache, dass nur die *Grünen* nicht zugestimmt haben, führen grüne Politiker*innen heute gerne als Argument für ihre ideologische Standfestigkeit an – einer genaueren Betrachtung hält dies jedoch nicht stand –, im Gegenteil. Die *Grünen* waren die treibende Kraft hinter der Klage vor dem Verfassungsgericht. Am Ende ging ihnen der Verkauf in Wahrheit nicht weit genug. Der *Grüne* Oliver Schruoffenegger redete in einer persönlichen Erklärung bei der Beschlussfassung, die ansonsten ohne Aussprache erfolgte, nicht drum herum: »Dies ist kein Dissens in der Frage, ob es einen Verkauf von Wohnungen geben soll oder nicht – da sind wir uns einig; Ziel sind 160 000 Wohneinheiten.«[15] Das hätte eine Privatisierung von über 100 000 zusätzlichen Wohnungen bedeutet.[229]

Und wie konnte es bei der *PDS*, bei der Partei des demokratischen Sozialismus, so weit kommen? Der damalige linke Wirtschaftssenator Harald Wolf erklärte den »Sündenfall« der unter extremem öffentlichem Druck stehenden Regierung neben Machterhalt und dem mangelnden Problembewusstsein aufgrund des großen Leerstands vor allem damit, dass man »die Nerven verloren« hatte und ein weiteres Scheitern vor Gericht fürchtete.[16] Das Fehlen einer eigenen, profilierten wohnungspolitischen Vision und der geringe Stellenwert des Themas waren weitere dramatische Gründe.[17] Entscheidender scheint mir jedoch, dass der neoliberale Zeitgeist, nach dem der Markt es richtet und staatliche Regulierung über Bord geworfen werden kann, so hegemonial war, dass nicht nur *SPD* und *Grüne*, auch die *PDS* ihm erlegen war. Die Bundestagsfraktion der *PDS* gab bei einer Umfrage an, Wohnungsprivatisierungen im Einzelfall zu prüfen.[18] Der damalige Bundesgeschäftsführer der *PDS*, Dietmar Bartsch, argumentierte im Parteivorstand gegen einen Antrag auf eine Anti-Privatisierungskampagne mit dem Argument, dass auch »progressive Entstaatlichung« Teil einer »Transformationsstrategie zum demokratischen Sozialismus« sein könne.[19] Erst mit der Gründung der *LINKEN* im Jahr 2007 und später im Grundsatzprogramm wurde die Privatisierung von öffentlichen Gütern ausgeschlossen. Eigentlich eine Selbstverständlichkeit für eine linke Partei, so sollte man meinen. Das war nicht zuletzt das Verdienst des damaligen Fraktionsvorsitzenden Oskar Lafontaine, der diese Position nicht ohne Widerstände durchsetzen musste.

III.2 Mythos: »Der Investor« regelt das

Nicht nur die großen Wohnungskonzerne wie Deutsche Wohnen und Vonovia, auch die Shoppingtouren internationaler Investor*innen werden heutzutage von deutschen Leitmedien kritisch begleitet. Das gilt insbesondere dann, wenn das Kapital dafür nicht aus Deutschland kommt und alte Feindbilder aufgerufen werden können: »Reiche Russen kaufen massenhaft deutsche Wohnungen« etwa titelte der Focus oder »Chinesen kaufen offenbar in großem Stil Wohnungen in Deutschland« der *Spiegel*.[20]

Diese kritische Bewertung ist neu: Denn im Grunde war es ein ungeschriebenes Gesetz der deutschen Wohnungspolitik, »dem Investor« den roten Teppich auszurollen: Seien es unzählige eintönige Einkaufscenter oder Malls, die an den Stadträndern oder, schlimmer noch, in unzählige deutsche Innenstädte geklatscht wurden und dem lokalen Einzelhandel das Leben schwer machen. Seien es teure Bürohäuser oder Townhouse-Siedlungen, die in vielen Städten entstehen: Für »den Investor« werden Häuser abgerissen, Mieter*innen verdrängt, Bebauungspläne geändert. Noch vor wenigen Jahren setzte der Berliner Bezirk Lichtenberg gegen massiven öffentlichen Protest einen vor 20 Jahren konzipierten Bebauungsplan an der Rummelsburger Bucht durch, für den ein Obdachlosencamp, ein Biergarten, bezahlbare Wohnungen und ein Club weichen mussten. Jetzt soll ein Hotel gebaut werden. Die Liste kommunaler Fehlplanungen zugunsten von Investor*innen, zulasten des Gemeinwohls ist lang.

Personell unterbesetzte Verwaltungen und ehrenamtlich arbeitende Feierabendparlamente spielen dabei eine Rolle. Der *Grüne* Baustadtrat aus Berlin-Kreuzberg, Florian Schmidt, berichtet, dass dadurch professionelle Bauentwickler*innen ihre Interessen geschickt durchsetzen können.[21] Dabei heißt »der Investor« ja nicht umsonst so – es geht um eine Investition, die eine möglichst hohe Rendite verspricht – und nicht etwa um eine gemeinwohlorientierte Stadtentwicklung.

Ich frage mich immer, warum das, was für Investor*innen eine Goldgrube darstellt, für die Städte nicht wenigstens ein gutes Geschäft sein kann – ohne die massiven sozialen Folgen, die profitorientierte Investitionen in der Regel haben. Dahinter steckt viel Ideologie, aber es ist auch das Ergebnis von klammen Kassen und unterbesetzten Planungsämtern in den Kommunen. Wo es kein Geld und kein Personal gibt, kann Kreativität nur schwer entstehen. Investor*innen bringen nicht nur einen Sack voll Geld mit, den die Kommunen häufig nicht haben, meistens machen sie auch am wenigsten Arbeit. Ist das Grundstück erst verkauft, übernehmen sie die gesamte Entwicklung – und damit den personell ausgedünnten Kommunen sehr viel Arbeit ab. Die Stadt selbst kann das oft nicht leisten. Und die Angebote von gemeinwohlorientierten privaten Initiativen, wie etwa dem Mietshäusersyndikat, oder solchen, die sich im Netzwerk »Immovilien« zusammengeschlossen haben, um Immobilien sozial und nachhaltig im Interesse der Vielen zu entwickeln, können große Projekte nicht stemmen und kommen häufig nicht zum Zug. Nach wie vor wird zudem häufig das Instrument der »Höchstpreisvergabe« angewendet – den Zuschlag bekommt der, der das meiste Geld auf den Tisch legt, und nicht, wer das beste soziale oder ökologische Konzept hat. Deswegen setzt sich der Trend fort, die Investor*innen alles möglich zu machen und das Gemeinwohlinteresse zu wenig mitzudenken. Das Ergebnis ist eine investorengetriebene Stadtentwicklung: Vorfahrt für Kapitalinteressen, die Vielen mit wenig Geld kommen nicht zum Zug.

Beispiel

Ausgebremste REITS

Doch es sind nicht nur die Kommunen, die eine investorengetriebene Stadtplanung für das Beste halten. Auch die Landes- und Bundespolitik war diesem Irrglauben aufgesessen oder ist es immer noch. Die Steuervorteile für Private-Equity und Hedgefonds waren der Regierung nicht genug. Nur wenige Jahre später, 2006, wollte die Große Koalition unter *SPD*-Finanzminister Peer Steinbrück sog. REITS (Real Estate Investment Trusts), also eine weitere Form von Immobilienfonds, zusätzlich auf den deutschen Wohnungsmarkt holen. Zur Begründung hieß es: »Dem deutschen Finanzmarkt stand bislang kein international anerkanntes Kapitalanlageprodukt für die indirekte Immobilienanlage mit transparenter Besteuerung zur Verfügung.« Neidisch wird auf »namhafte Finanzstandorte anderer Länder« verwiesen, die »einen Markt für handelbare Immobilien geschaffen« haben. Ziel sei »die Stärkung des Wirtschaftsstandortes ... sowie Wettbewerbsgleichheit gegenüber europäischen Finanz- und Immobilienstandorten.«[22] Es war also der ausdrückliche Wille der Regierung, große, gerne auch internationale Investor*innen auf den deutschen Immobilienmarkt einzuladen und ihnen den roten Teppich auszurollen. Die Angst, dass große Investor*innen sich Anlageobjekte außerhalb Deutschlands suchen, muss groß gewesen sein. Aus heutiger Sicht können wir froh sein, dass es Widerstand aus der Gesellschaft gegen die Zulassung weiterer Fonds auf dem Wohnungsmarkt gab. So wurden diese REITS wenigstens für Bestandsimmobilien nicht zugelassen. So konzentrieren sich diese »nur« auf Gewerbeimmobilien und Neubauten ab 2007 – schlimm genug.

Neben den beschriebenen Eigeninteressen der Entscheider*innen, handwerklichen Fehlern und den ideologischen Aspekten hat auch Wohnungspolitik eine emotionale Seite. Nicht Fakten und Argumente, sondern starke Emotionen bestimmen allzuoft die Politik. Da wird mit Träumen gespielt und mit Ängsten Politik gemacht. Bilder werden gemalt und Pappkameraden aufgestellt. Thomas Piketty hat analysiert, dass bei politischen Einstellungen kaum etwas mehr spaltet als die Frage des Eigentums.[23] Schauen wir uns den Mythos Eigenheim genauer an.

III.3 Mythos: Der Traum vom Eigenheim

Der süße Traum vom Eigenheim. Eins zu besitzen, war lange Zeit das Aufstiegsversprechen der Bundesrepublik: sich durch harte Arbeit, bescheidene Lebensführung und einen Bausparvertrag irgendwann den Traum von den eigenen vier Wänden leisten zu können. Ganze Lebensentwürfe wurden danach ausgerichtet. Diejenigen, die sich eins leisten können, haben es »geschafft«. Das Eigenheim, der ganze Stolz vieler Familien. Das Eigenheim war schon früh das ideologische Leitbild der deutschen Wohnungspolitik, insbesondere für konservativ geführte Regierungen: Bereits die soziale Wohnraumförderung der 50er-Jahre galt nicht zuletzt auch dem Ziel der Eigenheimförderung für Haushalte mit weniger Geld. Der beschriebene Lücke-Plan sah nicht nur den Abbau der Mietpreisregulierung vor, sondern gab die Eigentumsförderung als Ziel aus. Kohl setzte die Strategie fort und strebte eine Eigenheimquote von 50 Prozent an.[24] Die noch unter seiner Regierungszeit eingeführte Eigenheimzulage war eins der kostspieligsten Subventionsprogramme in der Bundesrepublik. Trotz der gigantischen Fördersummen ist eine Eigenheimquote von 50 Prozent bis heute nicht erreicht und Deutschland bleibt mehrheitlich ein Mieter*innenland.[25] Eine eher restriktive Kreditvergabe deutscher Banken wird als Argument angeführt, warum Deutschland im europäischen Vergleich eine der niedrigsten Eigentumsquoten hat.[26] Ein weiterer Grund könnte darin bestehen, dass es sich aufgrund eines entspannten Wohnungsmarkts viele Jahrzehnte auch gut zur Miete leben ließ. Und heute wird der Hauptgrund darin gesehen, dass es sich schlichtweg niemand mehr anders leisten kann, denn die Preise steigen ins Astronomische.

Zu steigenden Bodenpreisen und Niedrigzinspolitik kamen 2020 die Coronakrise und Inflation hinzu. Beides verstärkte den Wunsch, sein Geld in Immobilien zu investieren oder raus aufs Land zu ziehen: 2021 kam es zu einer noch nie da gewesenen Preisexplosion für Eigenheime: Am größten war er im Landkreis Oder-Spree, also im Umland von Berlin, wo die Preise in nur einem Jahr um 45 Prozent stiegen. Von den Städten erlebte Düsseldorf mit einem Plus von 15 Prozent den größten Preissprung. Die Lohnentwicklung ist demgegenüber eher mau. Angesichts dieser Entwicklung ist der Traum vom Eigenheim für viele nicht mehr erschwinglich. Das Aufstiegsversprechen der alten Bundesrepublik ist dahin.

Es in Frage zu stellen, ist jedoch nicht erlaubt. Als der damalige *grüne* Fraktionsvorsitzende Anton Hofreiter 2021 in einem Interview einen Bebauungsplan auf einer der letzten Brachflächen in Hamburg verteidigte, in dem statt Einfamilien- nur noch Mehrfamilienhäuser entstehen sollten, erntete er tagelang einen Shitstorm über ein angeblich gefordertes »Eigenheim-Verbot«. Der Traum vom Eigenheim ist auch eine heilige Kuh, die nicht geschlachtet werden darf.

Der Traum vom Eigenheim hat eine ideologische Funktion. In einer Diskussionsrunde bei Michel Friedmann im Februar 2019 verblüffte mich etwa die Brandenburger *CDU*-Abgeordnete Jana Schimke mit dem Argument, Mieter*innen seien gewissermaßen selbst schuld an ihrer Misere, sie hätten sich ja auch ein Eigenheim kaufen können. Ja, genau: Wenn die Armen kein Brot haben, sollen sie doch Kuchen essen. Hier rechtfertigt der für viele unrealisierbare Traum vom Eigenheim schlicht politische Untätigkeit. Hinzu kommt die Haltung von Teilen der Mittelschicht selbst: Nicht selten erlebt man Standesdünkel derjenigen, die es ins Eigentum »geschafft« haben, gegenüber denjenigen, die »nur« zur Miete leben. Die Abgrenzung nach unten wird dann wichtiger als der Kampf gegen Fonds und Konzerne, die das Wohnen für alle teurer machen. Der Mythos Eigenheim trägt dazu bei, die Mittelschichten zu spalten und das zu verhindern, was es bräuchte, um die Macht der Fonds und Konzerne zu brechen: ein Mitte-unten-Bündnis gegen die zunehmende Macht der Konzerne und die Preistreiberei auf den Wohnungsmärkten.[27] Stattdessen kämpft jeder für sich allein und versucht, sich mit viel Zeit und harter Arbeit ins Eigentum zu retten. Dabei ist es noch nicht einmal relevant, ob man es tatsächlich in ein Eigenheim schafft. Der Traum vom Eigenheim ist wie der amerikanische Traum, es vom Tellerwäscher zum Millionär zu schaffen. Er wird für viele nie real werden, hält aber Menschen davon ab, gemeinsam für ihre Rechte zu kämpfen. Gerade die Mittelschichten orientieren sich nach oben. Dazuzugehören gilt als besser, als mit anderen gemeinsam für eine gerechte Verteilung zu kämpfen.

Das ideologische Gegenstück zum Eigenheim ist übrigens die Platte. Bei meinen Reden zum Sozialen Wohnungsbau hörte ich es aus den Reihen der *Union* raunen, ich wolle die Platte wieder aufbauen. Stimmung gegen sie zu machen, gehört seit vielen Jahren zum Repertoire der Konservativen. Vor kurzem kommentierte der *Tagesspiegel*: »Diese seelenlosen Massenunterkünfte ... sind weltweit soziale und politische Pulverfässer. ...

Sie sind Brutstätten des Terrorismus.«[28] Die Ghettobildung wird am meisten von denen beklagt, die nie im Sozialen Wohnungsbau leben mussten. Die Ghettos von Reichen sind nie damit gemeint. Eine besondere Herabwürdigung erfährt dabei die ostdeutsche »Platte«. Dabei waren sehr viele Ostdeutsche froh, wenn sie eine Wohnung in der Platte bekamen. Neubau und Fernwärme galten als ein Privileg. Ältere Freunde in Ostdeutschland berichten, dass Pförtner und Professorin Tür an Tür wohnten. Abends traf man sich in der Kellerbar, es ging feucht-fröhlich zu. Sie erinnern sich gern zurück. Die Herabsetzung der »Platte« und die Gleichsetzung mit dem Ghetto wird von vielen Ostdeutschen als Demütigung erlebt. Und erst recht die Tatsache, dass sich viele dieser Plattensiedlungen inzwischen zu Siedlungen der Armen und Ausgegrenzten entwickelt haben.

Die »Ghettobildung«, also die Ausgrenzung der Armen am Stadtrand, muss übrigens nicht sein. Städte wie München und Berlin sind inzwischen dazu übergegangen, bei jedem Neubauvorhaben einen verpflichtenden Anteil von Sozialwohnungen vorzuschreiben, um eine bunte Mischung der Wohnbevölkerung zu garantieren. Ich bin sehr dafür, neue Sozialwohnungen vorzugsweise in den Villengegenden von Berlin-Grunewald, Hamburg-Blankenese oder München-Bogenhausen zu bauen. Auch Kinder aus armen Familien brauchen Platz zum Spielen. Gut für die soziale Mischung ist es auch. Es gibt kein Recht der Besserverdienenden, die Schlossallee für sich allein zu haben. Reichenghettos haben in einer sozialen Stadt nichts verloren.

III.4 Geklaute Arbeitervillen im Tessin. Politik mit der Angst

»Deutsche Arbeiter! Die *SPD* will euch eure Villen im Tessin wegnehmen!« So stand es ironisch auf dem bekanntesten und am meisten gedruckten Plakat des Politkünstlers Klaus Staeck, der im Bundestagswahlkampf 1972 gegen die »bösartige Kampagne« der *CDU* vorgehen wollte. Es war der Bundestagswahlkampf, in dem die *SPD*, wie wir gesehen haben, den Kampf gegen Spekulation befürwortete. Er erklärte den Sinn des Plakates so: »Der ursprüngliche Anlass für das ›Arbeiter‹-Plakat war eine Verleumdungskampagne aus dem Umfeld der *CDU* gegen die *SPD*. (Sie) … schürten in zahlreichen aufwendigen Zeitungsanzeigen mit teilweise perfiden Unterstellungen die Angst vor einem Wahlsieg der Sozialdemokraten. Die *SPD*, so wurde unterstellt, würde auch nicht davor zurückschrecken, den Leuten ihr Häuschen streitig zu machen.«[29]

Und genau solche Kampagnen gibt es bis heute. Eine Hauptrolle bei der Angstmacherei kommt dem Schreckgespenst »Sozialismus« zu. Sehr anschaulich konnte man dies beobachten, als in Berlin eine Kampagne »Deutsche Wohnen & Co. enteignen« startete. Die Kampagne zielt gegen die großen Wohnungskonzerne und wollte Unternehmen vergesellschaften, die mehr als 3 000 Wohnungen haben. Die Gegner*innen der Kampagne erweckten jedoch immer wieder den Eindruck, es ginge generell um Enteignung. Die Immobilienwirtschaft etwa kritisierte das Vorhaben als »sinnloses sozialistisches Prestigeprojekt«[30], und auch die Berliner *AfD* befürchtet den »Rückfall in den Sozialismus«.[31]

Bauminister Lücke, dessen Lücke-Plan bereits erläutert wurde, argumentierte gerne mit dem Beispiel eines Kriegsversehrten, der nicht in sein Haus zurückkann, da ein gut situierter Mieter und ein zu großzügiges Mietrecht ihn an der Rückkehr hindern würden.[32] Ein Vorwand. Denn statt einer gezielten Reform des Kündigungsschutzes wurde gleich das gesamte Mietrecht über Bord geworfen. Dabei half die rhetorische Strategie, die überfällige Aufhebung der unbeliebten Zwangseinweisung von Menschen in Wohnungen mit der beliebten Mietpreisbindung unter dem Begriff »Wohnungszwangswirtschaft« zusammenzufassen. Ein »geschickter politischer Schachzug«,[33] urteilte der *Spiegel*. Ein anderes beliebtes Motiv ist Oma Else, der ihr Häuschen oder die Einliegerwohnung genommen wird, die sie zur Alterssicherung vermietet. Oma Else ist eine Kunstfigur. Genau wie die des Kleinvermieters, der ebenfalls oft bemüht wird. Ungeachtet der Tatsache, dass faire Kleinvermieter*innen häufig von den Finanzämtern gezwungen werden, höhere Mieten zu verlangen, stellen sie einen wichtigen ideologischen Grundbaustein dar, um besseren Mieterschutz zu verhindern. Dabei geht es gar nicht um die realen Kleinvermieter*innen. Er ist ein Pappkamerad mit wichtiger Funktion in der Anti-Mieter-Propaganda.

Doch diese Pappkameraden sind wirkungsmächtig. Im Kern geht es auch bei dieser Bangemacherei immer wieder darum, breite Bündnisse gegen Spekulation zu verhindern, indem man spaltet: die zur Miete wohnen – und die es gerade in ihr kleines Häuschen geschafft haben. Und das wirkt: Viele fallen auf den Trick herein, verhindern Mehrheiten für eine Soziale Wohnungspolitik und betreiben am Ende das Geschäft der Konzerne. Berliner Genossenschaften beteiligten sich zum Beispiel an der Kampagne gegen den Berliner Mietendeckel – zur Freude der Konzerne.

Die Angst vor dem Verlust des kleinen Eigentums ist ein neuralgischer Punkt. Thomas Piketty analysiert die »Ungewissheit in der Eigentumsfrage« als einen der zentralen Gründe, warum die kleinen Eigentümer*innen vor linken Ideen zurückschrecken, die ihnen im Grunde Vorteile verschaffen würden.[34] Konservative wissen diese Furcht auszunutzen. Umgekehrt heißt das aber auch, dass ein Bündnis für soziale Wohnungspolitik das kleine Privateigentum nicht in Frage stellen und sich auch nicht darüber lustig machen darf.

III.5 Spiel nicht mit den Schmuddelkindern – wie Vorurteile eine soziale Wohnungspolitik verhindern

Und schließlich spielen auch Ressentiments und Vorurteile eine Rolle. Und die betreffen vor allem Menschen mit wenig Geld. Das ist aus meiner Sicht einer der Gründe dafür, warum der Niedergang des Sozialen Wohnungsbaus seit Jahrzehnten relativ sang- und klanglos vonstatten geht. Nicht nur in der Immobilienlobby, auch in vielen Kommunen gibt es die Haltung, dass der Bau teurer Lofthouses dem Bau von Sozialwohnungen vorzuziehen sei. Dahinter steht nicht nur die Berechnung, dass die Steuereinnahmen von Loftbewohner*innen das Stadtsäckel füllen, während Sozialmieter*innen als Leute gesehen werden, die dem Staat auf der Tasche liegen. Menschen auf Hartz-IV-Bezug gelten erst recht als Kostenfaktor.

Ressentiments kommen hinzu. Eine Dresdner Genossenschaft überraschte mich vor einigen Jahren, weil sie sich gegen ein neues Förderprogramm für Sozialwohnungen aussprach. Ich fragte nach den Gründen und erschrak über die Antwort: weil man dadurch diejenigen, die in der sozialen Hängematte liegen, mit dem Neubau belohnen würde, während die fleißigen Genossenschaftsmitglieder im Altbau leben müssten. Da schwingt Verachtung für »Sozialschmarotzer« mit, ungeachtet der Tatsache, dass in vielen Städten über die Hälfte der Menschen Anspruch auf einen Wohnberechtigungsschein hat und damit theoretisch auch auf eine Sozialwohnung. Die brutale Wahrheit: Mit dem Sozialen Wohnungsbau geht es auch deshalb nicht voran, weil Sozialmieter*innen niemand haben will – nicht in ihrer Stadt, schon gar nicht in der Nachbarschaft.

Wer im Eigenheim wohnt, darf stolz sein; wer in einer Sozialwohnung lebt, muss sich schämen. Und es wird geschämt. In meiner Heimatstadt wurden neue Sozialwohnungen genau an die Stelle gebaut, wo vor dem Krieg die Baracken und zu meiner Schulzeit die sogenannten »Schlichthäuser« standen – Häuser mit schlechtem Standard und stigmatisierten Bewohner*innen. Ich lernte bereits am ersten Schultag, dass man sich von diesen »Asis«, den »Asozialen«, fernhalten sollte und von ihren Siedlungen auch. Diese wurden mit Bezeichnungen wie »Loch« diffamiert oder als »blaues Tal« verspottet. Wenn es unvermeidlich ist, an den Schlichthäusern vorbeizugehen, dann soll man auf den Boden schauen – besser noch daran vorbeirennen.

Jede Stadt hatte diese Nogo-Areas der Armen und Stigmatisierten. »Spiel nicht mit den Schmuddelkindern, sing nicht ihre Lieder« heißt es in einem Lied von Franz-Josef Degenhard. An dieser Haltung, so fürchte ich, hat sich bis heute nur wenig geändert. Im Gegenteil: Die schreckliche Erfahrung, in der Schule schon allein wegen der Wohnadresse ausgeschlossen, gehänselt und gemobbt zu werden, dürften heute immer mehr Kinder machen. Dafür sorgen die soziale Spaltung der Städte und die Tatsache, dass selbst in Kleinstädten Menschen auf Hartz-IV-Bezug aufgrund sparsamer Kostenübernahme durch die Ämter in bestimmte Straßen gedrängt werden – meistens in unsanierte Wohnblöcke am Stadtrand. Diese Entwicklung ist besonders gravierend im Osten, wo die Spaltung am schnellsten voranschreitet.

Diskriminierung auf dem Wohnungsmarkt, das trifft auch Menschen mit dunkler Haut, Migrationshintergrund oder ausländischem Namen. Sie haben ungleich schlechtere Chancen. Eine Frau mit türkischem Nachnamen berichtete mir, sie hätte lange keine Wohnungszusage bekommen. Der Makler hätte schließlich die Angst geäußert, dass sie sonntags auf dem Balkon ein Lamm grillen würde. Sie hat die Wohnung erst bekommen, als sie ihre deutsche Herkunft beteuert hat. Es wird Bratwurst gegrillt, kein Lamm, sie bekam die Wohnung.

Beispiel

Wie die Angst vor »nicht-soziablen« Mieter*innen die Gemeinnützigkeit zu Fall brachte

Welche Rolle Vorurteile und Ressentiments bei der Abschaffung der Gemeinnützigkeit gespielt haben, war eins der tragischsten Erkenntnisse beim Schreiben dieses Buches. Wir haben gesehen, dass die Abschaffung der Wohnungsgemeinnützigkeit am Ende nur deshalb durchgesetzt werden konnte, weil die gemeinnützige Wohnungswirtschaft selbst ihren Widerstand aufgegeben hat. Zu dieser Spaltung dürfte die Alternative zur Abschaffung der Gemeinnützigkeit beigetragen haben. Das war der Vorschlag für »Belegungsbindung«, wie es sie bis heute beim Sozialen Wohnungsbau gibt. Der Staat sollte im Gegenzug für Steuerprivilegien eine Mitsprache bei der Belegung von Wohnungen bekommen. Das machte den Gemeinnützigen Angst: Der Vorschlag wurde nicht nur als staatlicher »Dirigismus« gegeißelt. Die gemeinnützige Wohnungswirtschaft wehrte sich gegen die »Zuweisung« von »asozialen« Mieter*innen[35] und bekämpfte den Reformvorschlag. Das entscheidende Stoltenberg-Gutachten griff den Gedanken bereitwillig auf und lamentierte ausführlich von »nicht-integrierbaren, nichtsoziablen und damit … nichtvermietungsfähigen Randgruppen. Dazu können z. B. Obdachlose, Haftentlassene, Drogenabhängige und Alkoholiker gehören.«[36] An diese zu vermieten, sei den Gemeinnützigen nicht zuzumuten: »Was den Kreis der Nichtsoziablen und sozial Unangepassten anbelangt … Die Erfahrung lehrt, dass sozial nicht integrierbare Mieter durch ihr abnormes, nicht selten kriminelles Verhalten den Wohnwert auch der Nachbarwohnung … herabsetzen und Nachbarn alsbald zum Auszug veranlassen.«[37] Ein Text von 1985, nicht von 1935, wohlgemerkt. Vor die Wahl gestellt, die »nicht soziablen« Mieter*innen neben sich einziehen zu lassen oder die Gemeinnützigkeit insgesamt an die Wand zu fahren, entschied sich die Wohnungswirtschaft für Letzteres und schuf die Grundlage für Mietenwahnsinn, Verdrängung und Spekulation.

IV. Wer das Geld hat, hat die Macht – wie eine starke Lobby schwache Politiker*innen um den Finger wickelt

Wer das Geld hat, hat die Macht,
und wer die Macht hat, hat das Recht!
(Ton, Steine, Scherben: Der Kampf geht weiter!)

Wir haben gesehen, wie sehr sich Politik an Eigeninteressen orientiert und welche Rolle Mythen und Emotionen dabei spielen. Doch auch die entstehen nicht im luftleeren Raum. Auch Ideen und Emotionen werden produziert. Von wem? Nicht zuletzt von der Lobby. Und für deren Einfluss sind Politiker*innen anfällig. Je komplizierter das Thema, umso mehr.

Im hektischen politischen Alltag, der verlangt, sich in kurzer Zeit zu einer Reihe von politischen Vorschlägen zu positionieren, suchen Abgeordnete, ihre Referent*innen und auch Beamt*innen in den Ministerien nach Argumenten und Ideen. Da steht die Lobby bereit, um ahnungslosen oder überlasteten Politiker*innen bei der Suche behilflich zu sein. Hunderte, wenn nicht Tausende Lobbyist*innen bevölkern das Regierungsviertel und versuchen, mit Informationen und Argumentationen, Gesprächen und Positionspapieren, Einladungen und Gefälligkeiten und nicht zuletzt mit sehr viel Geld, ihre Interessen durchzusetzen.

Interessensvertretung ist natürlich legitim und gehört zum politischen Geschäft. Doch dass der Einfluss der Lobby so ungleich verteilt ist, trägt entscheidend dazu bei, dass sich die Interessen der wenigen mit viel Geld am Ende des Tages gegenüber den Interessen der vielen mit wenig Geld durchsetzen. Das ist zweifellos nicht neu. Ob bei der Schleifung des Mietrechts oder bei der Abschaffung der Gemeinnützigkeit – wie wir gesehen haben, war der Einfluss von Lobbyverbänden der Eigentümer und der Immobilienwirtschaft schon immer spürbar. Auch die Kommission zur Bodenrechtsreform beim Parteivorstand der *SPD* wusste zu berichten, »... daß es diese konservative Minderheit bisher immer verstanden hat, die Masse der Eigentümer und Kleineigenheimer gegen eine Reform der Bodenordnung zu mobilisieren«.[38]

Der Einfluss der Immobilienwirtschaft ist schon deshalb groß, weil es um Geld geht, um sehr viel Geld. Der Handel mit Immobilien mit Vermietungsgeschäft und Hausverwaltungen hatte 2017 eine Bruttowertschöpfung von 317,8 Milliarden Euro. Ihr Anteil an der gesamtdeutschen Wertschöpfung betrug 10,8 Prozent. Ihre Wachstumsraten lagen in den Jahren 2000 bis 2017 mit fast 28 Prozent über dem Durchschnittswachstum der Wirtschaft.[39] Die Immobilienbranche ist also ein wichtiger Wirtschaftszweig – und da ist das Baugewerbe noch nicht mit eingerechnet. Der Staat profitiert natürlich auch von der boomenden Immobilienbranche in Form von Steuern. Allein dieser Umstand dürfte als Türöffner in den Ministerien gut funktionieren. Die Interessen der Immobilienwirtschaft zu umgehen, erfordert von Politiker*innen sehr viel Mut – und die meisten sind offenbar nicht bereit, ihn aufzubringen. Schauen wir uns den Lobbyismus in der Wohnungswirtschaft genauer an:

IV.1 Ungleiche Verhältnisse – Immobilienlobby und Mietenlobby im Vergleich

Seit 2022 müssen Lobbyist*innen in Deutschland sich in ein so genanntes Lobbyregister eintragen. Dadurch wird zumindest etwas Licht in den selbst für Abgeordnete undurchsichtigen Lobbydschungel gebracht. Zehn Jahre und diverse Gesetzesinitiativen der oppositionellen *Linken* und *Grünen* dauerte es bis zu ihrer Einsetzung. So groß war der Widerstand vor allem der *Union*. Erst diverse Affären von *CDU*-Abgeordneten zwangen die *Union* zum Einlenken: Der Abgeordnete Philipp Amthor legte beim Wirtschaftsminister ein gutes Wort für eine Firma ein, in deren Aufsichtsrat er saß und für die er Aktienoptionen besaß. Parteifreunde von ihm bereicherten sich zu Beginn der Corona-Pandemie mit Maskendeals. Der öffentliche Druck war zu groß, da kam auch die *CDU* nicht mehr um ein Lobbyregister herum.

Was bringt das neue Lobbyregister nun zum Vorschein?

Selbst eine konservative Auswertung der Organisationen, die hauptsächlich im Immobilienbereich lobbyieren, ergibt ein mehr als ungleiches Verhältnis zwischen den Interessenvertretungen der Immobilien- und denen der Mietenseite:[40]

Die Immobilienwirtschaft verfügt so über ein jährliches Budget von etwa 8,27 bis 8,57 Millionen Euro mit 144 hauptamtlichen Lobbyist*innen gegenüber einem Budget von maximal 210 000 Euro und gerade einmal elf Hauptamtlichen[41] auf der Seite von Mieter*innen und Wohnungslosen. Ich gebe zu: Trotz meiner langjährigen politischen Erfahrung im Bundestag habe ich mit diesem krassen Missverhältnis nicht gerechnet.

Die Hauptrolle auf der Mieter*innenseite kommt dem deutschen Mieterbund zu. Die Dachorganisation von 15 Landes-Mieterverbänden hat gerade einmal vier Referent*innen, um Einfluss aus Mietersicht zu nehmen. Ich erinnere mich an einen Besuch auf einem deutschen Mietertag vor vielen Jahren, auf dem um eine Mittelaufstockung für den Bundesverband hart gerungen wurde. Absurd, wenn man sich dagegen die Personal- und Mittelausstattung der Immobilienseite vor Augen hält. Ich habe mich bei manchen Gesetzgebungsverfahren gewundert, warum ich viele Zuschriften und Stellungnahmen aus der Perspektive der Immobilienwirtschaft bekam und wenig bis gar keine von »meinem« Verband, dem Deutschen Mieterbund, bei dem ich Mitglied bin. Angesichts des Verhältnisses hauptamtlicher Lobbyist*innen von 4 zu 142 wundert mich gar nichts mehr.

Der größte Platzhirsch bei den Immobilienlobbyisten ist der Zentrale Immobilienausschuss (ZIA), der mit einem Budget von über zwei Millionen Euro und 25 Lobbyist*innen die größten Ressourcen hat. Danach kommt der Bundesverband deutscher Wohnung- und Immobilienunternehmen (GdW) und dann der Bundesverband Freier Immobilien- und Wohnungsunternehmen (BFW), der die mittelständische Immobilienwirtschaft vertritt. Dagegen ist der Kleineigentümerverband Haus & Grund mit etwa 450 000 Euro und zehn Hauptamtlichen eher bescheiden. Neben diesen Hauptakteuren im Immobilienbereich haben die großen Wohnungskonzerne ihre Lobbyabteilungen deutlich ausgebaut. Sie sind mit rund 2,5 Millionen Euro und 18 Lobbyist*innen gut im Geschäft. Erwartungsgemäß engagiert sich Vonovia mit über 900 000 Euro am stärksten im Bereich des Lobbyismus. Im Lobbyregister finden sich auch Organisationen, von denen ich als langjährige Bundestagsabgeordnete noch nie etwas gesehen oder gehört habe. Gut vorstellbar, dass ein Teil des Lobbyismus erst dort beginnt, wo die eigentlichen Entscheidungen fallen: auf einer höheren Etage von Koalitionsmitgliedern oder auf Seiten von Regierung und Beamten. Nicht ausgeschlossen, dass es eine Etage des Lobbyismus gibt, die sich mir als Oppositionspolitikerin verschließt.

Die Fahnenstange ist bei der von mir aufgestellten konservativen Betrachtung gleichwohl noch nicht erreicht. Die Lobbyorganisationen der Bauwirtschaft habe ich zum Beispiel nicht mit eingerechnet. Doch der Hauptverband der deutschen Bauindustrie mit seinen 17 Lobbyist*innen und einem Budget von etwa 2,7 Millionen Euro jährlich dürfte der Regierung im Nacken sitzen, wenn es darum geht, die Baupolitik nach ihrem Gusto zu gestalten. Beim Bündnis für bezahlbares Wohnen und Bauen sitzen sie mit am Tisch. Kein Wunder, dass die Regierung der Ansicht ist, Bauen allein sei die Antwort auf die Wohnungskrise.

Hinzu kommt eine Vielzahl von Interessenvertretungen, die nicht vorwiegend im Immobilienbereich lobbyieren, sondern zum Beispiel in der Finanzwirtschaft, die noch ungleich größer und mächtiger sein dürften, die hier aber nicht umfassend untersucht werden können. Doch es ist gut vorstellbar, dass eine Gesellschaft wie die DWS Group, die sich mit einem Jahresbudget von bis zu 430 000 Euro für wettbewerbsfähige Finanzmärkte und eine leistungsfähige Fondswirtschaft einsetzt, ein Wörtchen mitreden will, wenn zum Beispiel das Geschäftsmodell von Fonds stärker besteuert werden soll. Mit doppelt so viel Geldmitteln investiert etwa die Union Asset Management Holding, die Mitglied in der Association of the Luxembourg Fund Industry (ALFI) ist. Ganz zu schweigen vom Bundesverband deutscher Banken, der mit einem Jahresbudget von fast sieben Millionen Euro und 63 hauptamtlichen Lobbyist*innen vermutlich jedes Gesetz dreimal umdreht. Die Immobilienlobby bedient sich zudem bei Beratungsunternehmen, auch das offenbart das Lobbyregister. Vonovia und Deutsche Wohnen beauftragen zum Beispiel zusätzlich Finsbury Glover Hering Europe. Mit 65 hauptamtlichen Lobbyist*innen und einem Budget von knapp 1,8 Millionen Euro dürften hier Profis am Werk sein.

Eine besondere Scharnierfunktion kommt den parteinahen Wirtschaftsorganisationen zu, in denen viele Verbände und

Unternehmen auch Mitglieder sind. So sind zehn der oben aufgelisteten Immobilien-Lobbyorganisationen im Wirtschaftsrat der *CDU*, in dem es eine Bundesfachkommission für den Bereich Bau und Immobilien gibt. Vorsitzender ist niemand Geringerer als Michael Zahn, der CEO der Deutsche Wohnen. Da wundert es naturgemäß nicht, dass dieser Bereich Positionspapiere verfasst, in denen zum Beispiel gegen die Vorschläge des damaligen Koalitionspartners *SPD* argumentiert wird, den Mieterschutz auszubauen.[42] Es ist übliche Praxis in Abgeordnetenbüros, solche Stellungnahmen als Hilfestellung für die eigene Meinungsbildung zu verwenden. Da dürfte ein Positionspapier einer parteinahen Institution vermutlich als besonders vertrauenswürdig gelten, auch wenn im Grunde der Deutsche-Wohnen-Chef dahintersteckt. Mit 26 hauptamtlichen Lobbyist*innen mit einem sagenhaften Jahresbudget von 4,8 Millionen Euro ist der Wirtschaftsrat gut ausgestattet, um sich mit seinen Positionspapieren Gehör zu verschaffen.

Sechs Lobbyverbände sind Mitglied im Wirtschaftsforum der *SPD*. Der »organisiert in erster Linie den Austausch mit – insbesondere auch sozialdemokratischen – Verantwortungsträgerinnen und Verantwortungsträgern in Parlamenten, Regierungen und Parteigliederungen in Bund, Ländern und Europa«.[43] Dafür steht den zehn Hauptamtlichen ein vergleichsweise mageres Jahresbudget von 380 000 Euro zur Verfügung. Der *Grüne* Wirtschaftsdialog ist mit seinen 370 000 Euro dicht auf der Spur. Dafür gibt es den Angaben zur Folge keinen hauptamtlichen Lobbyisten. Eigentlich erstaunlich, hat der Verein nicht nur mit Vonovia, sondern auch mit dem Rüstungskonzern Rheinmetall und der Deutschen Bank einige zahlungskräftige Mitglieder vorzuweisen. Der Liberale Mittelstand hatte sich erst zögerlich ins Lobbyregister eingetragen.[44] Die Geschäftsstellen aller vier parteinahen Wirtschaftsverbände liegen übrigens in Laufnähe zu Bundestag und Kanzleramt – da sind kurze Wege garantiert.

Auch bei der Regierung ist die Immobilienlobby klar im Vorteil: Ihr stehen die Türen deutlich offener als den Interessenvertretungen der Mieter*innen: 123 Treffen mit der Immobilienlobby in der letzten Legislaturperiode standen 72 Treffen mit Mieterverbänden gegenüber.[45] 14 Gesprächstermine gewährte die Bundesregierung allein den drei großen Wohnungskonzernen in zwei Jahren, so die Ergebnisse meiner Anfragen. Besonders gesprächsbereit war niemand Geringerer als Kanzler Olaf Scholz. In seiner Funktion als Bundesfinanzminister traf er sich gleich viermal höchstpersönlich mit der Immobilienlobby, darunter auch mit Vonovia. Das ist ungewöhnlich. In allen anderen Ministerien werden die Gespräche auf der Ebene der Staatssekretär*innen geführt. Der damalige Bauminister Horst Seehofer etwa führte kein einziges Gespräch mit der Immobilienlobby persönlich. Pikant ist auch die Tatsache, dass die Immobilienlobby über einen guten direkten Draht ins Kanzleramt verfügt. Fünfmal konnte der Verband der Eigentümer*innen Haus & Grund mit einem Staatsekretär im Kanzleramt sprechen. Es ist sicherlich ein Zufall, dass so manche Gesetzesinitiative, die SPD-geführte Ministerien versuchten, im Interesse der Mieter*innen auf den Weg zu bringen, im Kanzleramt gestoppt wurde. Ich bin gespannt, ob sich etwas ändert. Die neue gekürte Bauministerin der Ampelregierung, Clara Geywitz, warb beim ZIA-Frühjahrsempfang offensiv damit, dass Kanzler Scholz und sie genau mit diesem Verband das erste Lobbygespräch geführt hätten.

Newcomer in der Welt des Lobbyismus sind die großen Wohnungskonzerne. Aus dem Lobbyregister geht nicht nur hervor, dass sie sehr viel Geld investieren. Vonovia führt mit 19 Gesprächsterminen die Rangliste der Kontakte mit Regierungsvertreter*innen an. Zum Vergleich: Der Platzhirsch bei der Immobilienlobby, der Verband GdW, schaffte es nur auf zwölf Gespräche in den Ministerien. Als besonders umtriebig gilt Rolf Buch, der Chef von Vonovia. Er sei sich nicht zu schade, selbst einfache Abgeordnete in ihren Büros aufzusuchen.[46] Auch in Ministerien ist er ein gern gesehener Gast. Das gesetzte Abendessen der Wohnungswirtschaft beginnt nicht ohne ihn – und der eloquente Redner erhält wie selbstverständlich als Erster das Wort.

Der Höhepunkt dieses Missverhältnisses war der sogenannte »Wohngipfel« der Bundesregierung 2018 unter Federführung von Horst Seehofer. Bei dieser Veranstaltung mit insgesamt 200 Teilnehmer*innen gab es einen Vertreter der Mieter*innen – nämlich den Präsidenten des Deutschen Mieterbundes. Ihm wurde bei der ganztägigen Veranstaltung eine ganze Minute Redezeit gewährt.

Nicht nur mit der Regierung, auch mit Abgeordneten wird das persönliche Gespräch gesucht. Das hat den Vorteil, dass diese Gespräche nicht dokumentiert werden müssen – anders als Gespräche mit der Regierung. So sieht man einflussreiche Lobbyisten gerne mit Abgeordneten der Regierungsfraktionen beim Plausch im Abgeordnetenrestaurant des Bundestages.

IV.2 Vom gesetzten Abendessen zum parlamentarischen Frühstück – die verführerischen Methoden der Lobby

Die Immobilienlobby verfügt nicht nur über eine Vielzahl von erfahrenen Lobbyist*innen, die verstehen auch ihr Geschäft. Aus eigener Erfahrung kann ich ein Lied davon singen. Es fängt damit an, dass die Anzahl von Lobbybriefen der Immobilienseite die der Mieter*innenseite um ein Vielfaches übertrifft – kein Wunder, da deutlich mehr Personal und Ressourcen dahinterstehen. Briefe, gerade wenn sie aus dem eigenen Wahlkreis stammen, müssen beantwortet werden. Es wurden regelrechte Kampagnen etwa gegen eine Nachschärfung der Mietpreisbremse oder gegen einen besseren Mieterschutz organisiert. In der Wahrnehmung von Abgeordneten ergibt sich eine deutliche Schieflage: Die Interessen der Wenigen sind deutlich artikuliert und werden gehört, die der Vielen fallen durch.

Als der rot-rot-grüne Senat in Berlin 2019 ein Gesetz zur Einführung eines Mietendeckels in der Hauptstadt beschlossen hatte, war die Immobilienbranche offenbar so aufgeschreckt, dass sich nur zwei Tage später Hochglanzmaterial mit Gegenargumenten in den Postfächern sämtlicher Bundestagsabgeordneter befand. Ein ungewöhnlicher Vorgang, denn im Normalfall werden landespolitische Entscheidungen nicht im Bundestag kommentiert. Es ging zunächst um Stimmungsmache. Und die hatte Erfolg. Monate später reichten 200 Abgeordnete der *CDU*-Fraktion und sämtliche Abgeordnete der *FDP*-Fraktion Verfassungsklage in Karlsruhe gegen den Mietendeckel des Landes Berlin ein. Ihr Argument: Der Bund allein sei für das Mietrecht zuständig. Ein vorgeschobenes Argument selbstredend, denn es ging darum, den Mietendeckel zu verhindern.

Zu Beginn der Corona-Pandemie hatte die Bundesregierung den Mut, ein pandemiebedingtes Verbot von Wohnungskündigungen und Stromsperren auszusprechen. Niemand sollte während des Lockdowns seine Wohnung verlieren oder im Dunkeln sitzen. Schon gab es eine organisierte Kampagne, die dafür sorgte, dass zahlreiche Schreiben von Wohnungsvermietern und Stromversorgern die Bundestagsbüros fluteten, so dass diese Regelung bei den darauffolgenden Lockdowns nicht wieder verlängert wurde. Vielleicht auch, weil von der Mieten-Seite eine derartige Kampagne ausfiel. So wurden im Pandemie-Jahr mindestens 30 000 Zwangsräumungen durchgeführt – 82 am Tag.[47] Die Losung »Bleibt zu Hause« wurde ad absurdum geführt.

Auch mit Einladungen zum »gesetzten Abendessen« und »Parlamentarischen Abenden« wird nicht gespart. Bei dieser Art Veranstaltung können sich Politiker*innen die Wünsche der Lobbyverbände bei Reden oder im persönlichen Gespräch anhören, im Gegenzug gibt es ein mehrgängiges Menü oder ein üppiges Buffet – kostenlos natürlich. Beliebt ist auch das Parlamentarische Frühstück morgens um 8 in einem der teuren Lokale im Regierungsviertel. Diese Einladungen sind nicht nur wegen der leckeren Köstlichkeiten attraktiv – die Art der kostenlosen Halbpension ist auch einfach sehr praktisch, da man vor oder nach der langen Plenarsitzung einfach nicht selbst zum Kochen kommt. Es geht dabei nicht um Bestechung – jedenfalls mir hat noch niemand einen Umschlag mit Geld angeboten. Es geht um Informationen, Interpretationen und das Framing – also um die Art und Weise, wie ein Problem beschrieben wird und wie eben nicht.

Ein weiteres Instrument besteht darin, Politiker*innen Auftrittsmöglichkeiten zu verschaffen, die natürlich gerne angenommen werden. Ob beim Verbändebündnis, dem Wohnungsbautag oder dem groß angelegten ZIA-Immobilientag – das »Who is Who« der Politprominenz darf hier nicht fehlen. Einige dieser Einladungen entpuppen sich als Falle. So lud mich der Eigentümer*innen-Verband Haus & Grund zur Debatte über die Mietpreisbremse ein, bei der ich als Oppositionspolitikerin das leider weitgehend wirkungslose Gesetz gegenüber dem Verband verteidigen musste. Währenddessen ließ sich der rechtspolitische Sprecher der *Union*, Jan-Marco Luczak, der das Gesetz mitzuverantworten hatte, für seinen heroischen Widerstand gegen das Gesetz feiern. Als meine Fraktion den ersten Antrag zur Wiedereinführung der Wohnungsgemeinnützigkeit in den Bundestag einbrachte, lud mich Axel Gedaschko ein, der Chef-Lobbyist beim Immobilienverband GdW, dieses Konzept vor 50 Vertreter*innen der kommunalen Wohnungswirtschaft vorzustellen. Ich fühlte mich geehrt – selten findet eine Initiative der Opposition so viel Beachtung. Ich sagte gerne zu – in der Annahme selbstredend, bei der kommunalen Wohnungswirtschaft mit der Idee auf offene Ohren zu stoßen, ihren, also den gemeinwohlorientierten Teil der Wohnungswirtschaft steuerlich zu bevorteilen. Ich hätte gewarnt sein sollen, als ich feststellte, dass sich die Zentrale des GdW im noblen Berlin-Zehlendorf gleich neben der Zentrale der Deutsche Wohnen befindet. Deutsche Wohnen ist neben zahlreichen kommunalen Wohnungsunternehmen und Genossenschaften ebenfalls Mitglied im GdW. Sinn der Veranstaltung war, wie sich schnell herausstellte, mich von dem Vorhaben abzubringen, für eine neue Wohnungsgemeinnützigkeit zu streiten. Die vorgeschlagene Begrenzung der Rendite auf 3,5 Prozent bei gleichzeitiger Steuerbefreiung schien den Anwesenden ein unattraktives Angebot zu sein.

Der politische Alltag ist voller Anhörungen, Konferenzen und Empfängen. All diese Veranstaltungen bedeuten Begegnungen mit Lobbyverbänden. Sie finden im Regelfall im Regierungsviertel statt. Man begegnet sich in der edlen Parlamentarischen Gesellschaft, in teuren Hotels oder einem schicken Bankgebäude am Brandenburger Tor – und eben nicht in den Platten von

Dresden-Gorbitz, Halle-Neustadt oder München-Neuperlach. Im Ergebnis entsteht eine Blase, in der die politische Klasse unter sich bleibt. Und so kommt es dann, dass die Interessen der Immobilienlobby artikuliert werden, während diejenigen der Marginalisierten nicht vorkommen.

Die Angebote der Lobby sind nicht nur deshalb verführerisch, weil Politiker*innen auf Expertenwissen angewiesen sind. Auch wer Anerkennung und Applaus sucht, wird ihn bei der Lobby finden. Wer wiedergewählt werden will, freut sich über Lob, Aufmerksamkeit und Spenden. Da wäscht eine Hand die andere. Es erfordert Rückgrat, zu widersprechen und einen eigenen Standpunkt zu vertreten – so man einen hat. Die Lobby organisiert Podien mit Politiker*innen aller Parteien. Derart in Konkurrenz gesetzt, will man natürlich gefallen. Ich habe erlebt, dass heute bei der Bauwirtschaft etwas anderes erzählt wird als einen Tag zuvor beim Umweltverband. Das ist der strukturelle Opportunismus des Politikgeschäftes. Man darf der Versuchung, dem Publikum nach dem Mund zu reden, nicht erliegen.

Schlimmer ist, dass dieses Engagement bei der Regierung auf offene Ohren trifft. Unverhohlen brüstet sich die Immobilienlobby damit, die Mietpreisbremse der Großen Koalition nachgebessert, ich würde sagen: ausgehöhlt zu haben. Und siehe da, kurz vor Beschlussfassung der Mietpreisbremse häufen sich die Besuche der Immobilienwirtschaft bei der Regierung: Kurz vor der Beschlussfassung des Gesetzes geben sich die beiden Lobbyverbände Zentraler Immobilienausschuss (ZIA), der GdW und die Deutsche Wohnen SE bei der Regierung die Türklinke in der Hand – das zeigt die Antwort der Bundesregierung auf meine Anfrage.[48] Im Ergebnis dieses Wirkens wurden so viele Ausnahmen und Bedingungen aufgenommen, dass das Gesetz kaum Wirkung entfalten konnte. Ob beim Umwandlungsverbot von Miet- in Eigentumswohnungen, bei der Deckelung und Übernahme von Maklerkosten oder einem Kündigungsstopp während der Corona-Pandemie – die Lobby interveniert und sie hat Erfolg.

Beispiel

Die Initiative Finanzstandort Deutschland

Ein erheblicher Teil des Immobilien-Lobbyismus findet jedoch nicht in der Wohnungspolitik, sondern in der Finanzpolitik statt. Wir haben bereits gesehen, dass die aktuelle Wohnungskrise ohne die Liberalisierung der Finanzmärkte nicht zu erklären ist. Und bei der spielte die Initiative Finanzstandort Deutschland (IFD) eine entscheidende Rolle. Ein Lehrstück in puncto Lobbyismus.

Sprecher der Initiative war der ehemalige Deutsche-Bank-Chef Josef Ackermann. Gegründet wurde sie 2003 von Siegmar Mosdorf, der als ehemaliger Staatssekretär im Bundeswirtschaftsministerium über gute Drähte in die Regierung verfügte. Das zahlte sich aus. Ihm gelang es, nicht nur diverse private Banken, sondern auch öffentliche Banken wie Sparkassen und die KfW mit dem Bundesministerium der Finanzen höchstselbst in dieser Initiative zu versammeln. Vertreten wurde das Ministerium nicht etwa auf Referent*innenebene, sondern durch niemand Geringeren als den damaligen Staatssekretär Jörg Asmussen. Assoziiert waren darüber hinaus die New Yorker Investmentbank Lehman Brothers, deren Pleite 2008 die Finanzmarktkrise auslöste, oder auch Goldman Sachs.

Es ist ein wahrer Coup, wenn die versammelte Finanzindustrie mit dem Bundesfinanzministerium, das diese eigentlich kontrollieren sollte, an einem Tisch sitzt. Zahlreiche Gesetzesinitiativen zur Finanzmarktliberalisierung wurden »an den formalen Verfassungsorganen vorbei dem Staat regelrecht untergejubelt«[49].

Auch im Bereich Immobilien konnte das IFD unter Beweis stellen, wie professionelles Lobbying aussieht. Innerhalb von wenigen Jahren gelang es ihr, einer von ihnen entwickelten Idee eines deutschen REITs zur Durchsetzung zu verhelfen.[50] Mithilfe dieser Fonds sollten ausländische Investoren auf den deutschen Immobilienmarkt gezogen werden. Die Initiative »steht stellvertretend für diesen fatalen Prozess, in dem staatliches Handeln das Gemeinwohl dem Interesse privater Akteure unterordnet«.[51] Nach der Finanzkrise erhielten fast alle im IFD organisierten Banken staatliche Unterstützung, obwohl sie sich selbst in die Krise hineinmanövriert haben. Das »Finanzmarktstabilisierungsgesetz« war mit 500 Milliarden Euro das bis dato teuerste Gesetz in der Geschichte der Bundesrepublik. Es wurde in nur einer einzigen Woche durch Bundestag und Bundesrat gewunken. Zum Vergleich: Die Einführung einer Wohnungslosenstatistik, als erster banaler Schritt zur Bekämpfung von Wohnungslosigkeit, brauchte zwei ganze Legislaturperioden, bis sie endlich, in einer schwachen Variante, kam. Josef Ackermann dankte dem *SPD*-Finanzminister Peer Steinbrück persönlich für die großzügigen Finanzhilfen. Auch die wenige Monate vorher pleitegegangene Lehman Brothers steht mit auf dem Briefkopf des Schreibens. Das ging dann doch zu weit. »Angela Merkel soll über die Erklärung, die sie erst im letzten Moment sah, so wütend gewesen sein, dass sie verbot, diese an die Presse zu geben.«[52] Die Initiative verschwand nach getaner Arbeit in der Versenkung.

Dass der Einfluss der Lobby stark und die Mitwirkung an Gesetzen bis heute gängige Praxis ist, daran besteht kein Zweifel. Die Abschaffung sogenannter »Share Deals«, mit denen Konzerne wie Vonovia und Deutsche Wohnen Millionen, wenn nicht Milliarden an Grunderwerbsteuer sparen, blockiert die Lobby bis heute. Ob die zahlreichen Gespräche, die Vonovia zum Beispiel im Finanzministerium führte, etwas damit zu tun haben, kann ich nur vermuten. Genau wissen wir es nicht. In Deutschland gibt es leider keinen »legislativen Fußabdruck«, der die Spur der Lobbyist*innen im Gesetz nachzeichnet.

Es ist bemerkenswert, wie unverhohlen, ja geradezu stolz die Lobby sich mit ihren Erfolgen brüstet. Jüngstes Beispiel: Der Immobilienlobbyverband ZIA lobt Olaf Scholz dafür, dass er noch als Finanzminister der Großen Koalition mit dem Entwurf des Fondsstandortgesetzes »einen Vorschlag aufgreift, den der ZIA mit seinen Mitgliedern entwickelt hat«.[53] An einen derartigen Lobbyerfolg im Interesse der Mieter*innen kann ich mich in den letzten zehn Jahren nicht erinnern. Vielleicht liegt es auch daran, dass der Lobbyismus der Immobilienwirtschaft, sagen wir, satt mit Finanzmitteln gefüttert ist, um es freundlich auszudrücken. Werfen wir im nächsten Kapitel einen Blick auf die Parteispenden.

IV.3 Wes Brot ich ess, des Lied ich sing – vom Sponsoring bis zur großzügigen Parteispende

Kurz vor dem Wahlkampf zum Berliner Abgeordnetenhaus, im Mai 2016, sorgten mehrere Spenden des Baulöwen Klaus Groth an die regierenden *SPD* und *CDU* für Empörung. Fünfmal 9950 Euro gingen an die *SPD*, vier dieser Tranchen erhielt die *CDU*. Erst ab einer Höhe von 10 000 Euro müssen Unternehmensspenden veröffentlicht werden. Vertuschung lautete der Vorwurf. Besonders pikant: Bedacht wurde auch der *SPD*-Kreisverband Lichtenberg, in dem der Bausenator Geisel als Spitzenkandidat antrat. Er hatte zuvor ein umstrittenes Bauprojekt im Berliner Mauerpark durchgesetzt. Bauträger: Klaus Groth.[54] Eine Hand wäscht die andere.

Diese Art des Parteisponsorings ist in Deutschland leider nicht verboten. Auch die Immobilienbranche darf da nicht fehlen. Meine Auswertung der Großspenden von Immobilienunternehmen an Parteien ergibt folgendes Bild:[55]

Seit dem Jahr 2000 sind nach konservativer Berechnung insgesamt stolze 8,9 Millionen Euro an Spenden aus den Bereichen Immobilien- und Baubranche in die Politik gewandert. Die Unions-Parteien *CDU/CSU* sind mit einem Spendenaufkommen von rund sechs Millionen Euro die ungeschlagenen Lieblinge der Immobilienunternehmen. Etwas abgeschlagen, aber immerhin noch mit 1,9 Millionen Euro bedacht, folgt die *FDP*. Auf Platz 4 und 5 finden sich *SPD* mit gut 400 000 Euro und die *Grünen* mit 265 000 Euro. Die *AfD* belegt den letzten Platz mit knapp 160 000 Euro. Die relativ hohe Spendensumme für die *AfD* ist dennoch bemerkenswert, schließlich kommt die Partei erst seit vergleichsweise kurzer Zeit als Empfänger von Spenden in Frage. *DIE LINKE* nimmt keinerlei

Unternehmensspenden an, würde sie aber wohl auch nicht bekommen.

Gerade in den letzten Jahren hat die Immobilienbranche die Parteispenden für sich entdeckt. Spenden aus der Immobilienwelt liegen im Trend. Lobbycontrol bezeichnete die Immobilienlobby bereits 2018 als »Aufsteiger des Jahres«. Und allein 2020 flossen mehr als 1,25 Millionen Euro aus der Immobilienbranche auf die Konten der Parteien. Zum Vergleich: Die Spenden aus dem Immobiliensektor lagen 2001 bei läppischen 38 500 Euro. Der Immobiliensektor machte somit erstmals den Löwenanteil der Parteispenden aus. Von ihm stammten fast 80 Prozent der Spenden an die *CDU*. Ein Jahr vor der Bundestagswahl – ein Schelm, wer Böses dabei denkt. Im Wahljahr selbst spendeten gleich mehrere Immobilienunternehmer: Alexander Kahl 500 000 Euro an die *CDU*, Sebastian Schels 250 000 an die *Grünen*, die bislang unattraktiv waren für Immobilienspenden, und Christoph Gröner 200 000 an die *FDP*.

Die *CDU* kassierte durch Spenden von Christoph Gröner (800 000 Euro), Christoph Alexander Kahl (300 000), Dietmar Bücher (79 000) und Wolfgang von Moers (70 000) insgesamt 1,25 Millionen Euro. Aber auch die *AfD* ging nicht leer aus und erhielt 100 000 Euro vom Berliner Großunternehmen Christian Krawinkel. Wie viele Spenden unterhalb von 10 000 Euro lagen, werden wir nie erfahren.

Der Berliner Baulöwe Klaus Groth umging diese Regel, indem er seine großzügigen Spenden an die Berliner *CDU* und *SPD* in mehrere Tranchen stückelte.[56] Sie tauchten in den Statistiken ebenso wenig auf wie die illegale Parteispende in Höhe von 132 000 Euro, die der ebenso umtriebige wie umstrittene Immobilienhai Conle über Alice Weidel der *AfD* zukommen lassen.[57]

Bei diesen Summen muss man sich nicht wundern, dass die Regierung immer wieder vor den Interessen der Immobilienwirtschaft einknickt, statt im Interesse der Mieter*innen zu entscheiden. Denn wer will es sich schon mit jemandem verscherzen, der sich gerade vor den Wahlterminen als so großzügig erweist? Das dürfte das Kalkül der großzügigen Spender sein: Wes Brot ich ess, des Lied ich sing, heißt es bekanntlich im Volksmund. Unternehmensspenden an Parteien stehen immer im Geruch gekaufter Politik. Sie sollten grundsätzlich verboten sein. Nur so können wir sichergehen, dass Politik unabhängig und nicht gekauft ist.

Ein weiteres intransparentes Schlupfloch stellt das Sponsoring dar. Die Summen, mit denen Firmen und Verbände Parteitage sponsern, sind zum Teil erheblich. Expert*innen gehen sogar davon aus, dass diese Summen die Parteispenden übertreffen können. Nur die *Grünen* veröffentlichen die Einnahmen, die sie durch Stand- und Ausstellungsgebühren auf ihren Parteitagen einnehmen. Bei der Bundesdelegiertenkonferenz 2019 etwa kam mit 277 000 Euro ein schönes Sümmchen zusammen. Alleine 15 000 Euro kamen von den beiden großen Immobilienverbänden GdW und ZIA, die gleiche Summe legte die Bauwirtschaft obendrauf. Und der Eigentümerverband Haus & Grund spendierte noch einmal 6000 Euro zusätzlich für die »Gäste-Lounge«. Schnell sind wir bei 36 000 Euro aus der Immobilienwirtschaft.[58] Man kann davon ausgehen, dass diese Summen bei den größeren – bzw. der Immobilienwirtschaft gewogeneren – Parteien *Union*, *FDP* und *SPD* nicht darunter liegen.

IV.4 Der Seitenwechsel: Lukrative Anschlussverwendung für Politiker*innen

Und schließlich scheint die Immobilienbranche eine für Politiker*innen beliebte Form zu sein, in lukrative Jobs aufzusteigen oder sich, wie es im Jargon heißt, »wegloben« zu lassen. Einige Beispiele gefällig?

Erst kürzlich sorgte Christian Rickerts – ein Grünen-naher Berliner Staatssekretär – für Aufsehen, als er kurz nach seinem Ausscheiden aus dem Politik-Betrieb in die Immobilienbranche wechselte: ausgerechnet als neuer Leiter des Berliner Büros von Vonovia, dessen Enteignung die Berliner *Grünen* im Wahlkampf noch gefordert hatten.[59]

Der bekannte *CDU*-Politiker Ronald Pofalla wechselte nach seiner Zeit als Kanzleramtschef zunächst zur Bahn und dann in den Vorstand der Gröner-Gruppe, eines bekannten Immobilienunternehmens, das seine Partei, die *CDU*, gerne auch mit üppigen Spenden versieht.

Der *CDU*-Politiker und ehemalige Staatssekretär Oliver Wittke wechselte aus dem Bundestag direkt als Hauptgeschäftsführer zu einem der wichtigsten Lobbyverbände, nämlich dem ZIA.[60]

2015 wurde Sebastian Lange, zunächst persönlicher Referent eines *SPD*-Ministers aus Nordrhein-Westfalen, zum Chef-Lobbyisten des Vonovia-Vorläufers Deutsche Annington.

Axel Gedaschko wurde 2011 nach seiner Amtszeit als Wirtschaftssenator der *CDU* in Hamburg zum Präsidenten des Immobilienverbandes GdW. Er ist bis heute einer der Chef-Lobbyisten der Immobilienbranche.

Ein weiteres prominentes Beispiel ist der ehemalige hessische Ministerpräsident Roland Koch (*CDU*), der zum Bauunternehmern Bilfinger wechselte.[61]

Friedrich Merz war schon einmal Vorsitzender der *CDU*-Fraktion. Zwischendurch verdiente er seine Brötchen als Aufsichtsratsvorsitzender der deutschen Tochter von Black Rock.[62] Das ist einer der wichtigsten Großaktionäre von Wohnungskonzernen wie Deutsche Wohnen, Vonovia und LEG.

Anschaulicher kann der »Drehtür-Effekt« kaum gemacht werden, den lobbyismuskritische Verbände immer wieder anprangern. Warum? Beim Wechsel von der Politik in die Wirtschaft vergolden sich die Ex-Politiker*innen ihr Adressbuch. Sie nehmen ihre Kontakte und Netzwerke mit, die für Unternehmen interessant sind. Im komplizierten Polit-Betrieb kann es überaus hilfreich sein, die Handy-Nummer der Entscheider*innen zu haben. Nicht selten, so der Verdacht, wird schon im politischen Job auf die lukrative Anschlussverwendung geschielt – die entsprechenden Beißhemmungen gegenüber den zukünftigen Geldgebern inklusive.

Dieser Seitenwechsel findet auch auf kommunaler Ebene statt. Politiker*innen wechseln häufig in die kommunale Wohnungswirtschaft. Oder eigene ökonomische Interessen mischen sich mit dem politischen Amt. Als besonders eng verwoben gilt der »Baufilz« in Berlin – vielleicht ist es hier auch einfach nur besser dokumentiert. Für Aufsehen sorgte 2011 der *SPD*-Abgeordnete Ralf Hillenberg, der für sein Ingenieurbüro 17 Aufträge von der landeseigenen Wohnungsbaugesellschaft HOWOGE bekam – ganz ohne Ausschreibung, dafür aber offenbar mit Billigung von *SPD*-Genossen im Aufsichtsrat.[63] Bei einem der millionenschweren Geschäfte ging es um die Sanierung von über 3 000 Wohnungen, bei denen sich die Miete hinterher pikanterweise verdoppeln sollte.[64] Der ehemalige Justizsenator der Berliner *Union*, Michael Braun, stürzte über eine Immobilienaffäre: Ihm wurde vorgeworfen, als Anwalt in krummen Geschäften mit Schrottimmobilien tätig gewesen zu sein.[65]

Besonders interessant: Ausgerechnet die Private-Equity-Branche erwies sich als ein – vermutlich lukratives – Auffangbecken für Politiker*innen, wie der Soziologe Philipp P. Metzger in seiner Dissertation herausarbeitete. Jene Branche also, die die privatisierten Wohnungen in großem Maßstab auffing. Mehreren ehemaligen Ministern gelang der Seitenwechsel: Der ehemalige Finanzminister Theo Waigel (*CSU*) arbeitete für den Fond TPG Capital, Volker Rühe (*CDU*) und Rudolf Scharping (*SPD*), beide ehemalige Verteidigungsminister, für Cerberus. Lothar Späth (*CDU*) arbeitete von 2005 an im Vorstand der Investmentbank Merrill Lynch. Hinzu kommen Führungskräfte aus Behörden, Ministerial- und Bundestagsbüros, die in der Branche untergekommen sind. Florian Gerster, der ehemalige Chef der Bundesagentur für Arbeit, wechselte danach zu Fortress, die sodann 80 000 Wohnungen von einer Tochter der Bundesversicherungsanstalt für Angestellte kaufte. Im Bundesverband Deutscher Kapitalbeteiligungsgesellschaften, der die Private-Equity-Branche vertritt, saß zum Beispiel Ludorf von Wartenberg, ein *CDU*-Politiker.[66] Dass diese Fonds bestens in die Politik vernetzt sind, ist scheinbar keine deutsche Besonderheit: Der italienische Ministerpräsident Mario Draghi wechselte nach seiner Zeit als Chef der Europäischen Zentralbank zu Goldman-Sachs – ebenso wie George Bush senior zu der Carlyle Group. Diese Anschlussverwendung von ehemaligen Spitzenpolitikern in der Heuschreckenbranche hat zumindest ein Geschmäckle. Metzger vermutet sogar, »dass viele dieser Politiker (insbesondere Politiker der rot-grünen Bundesregierung) zuvor den Finanzmarkt liberalisierten« – also mit ihren eigenen politischen Entscheidungen die Voraussetzungen für ihren späteren Job schufen.[67]

Zu nennen wäre in diesem Zusammenhang noch die ehemalige *SPD*-Justizsenatorin Gisela von der Aue, die in den Aufsichtsrat der zuvor privatisierten GSW-Immobilien wechselte.[68] Burkhard Drescher wechselte nach seiner Zeit als *SPD*-Oberbürgermeister von Oberhausen als CEO zur Gagfah.[69]

Ob es sich bei diesen Anschlussverwendungen um Zufälle handelte oder ob es im Einzelfall auch einen Zusammenhang gibt, kann wohl nie geklärt werden. Solche Spekulationen gibt es immer wieder. Etwa beim Komplettverkauf der Dresdner Wohnungsgesellschaft WoBA 2006 an Fortress. Die *PDS*-Stadträtin Christine Ostrowski stimmte nicht nur für den Verkauf, sondern es gelang ihr auch, trotz deutlichem Widerstand aus der Partei, acht weitere Mitglieder der *PDS*-Fraktion davon zu überzeugen – und dadurch eine Mehrheit für den Verkauf zu erreichen. Sie arbeitete seit 2005[70] beim Immobilien-Unternehmen Sachsen-Treuhand. Deren Mutterkonzern wiederum hatte Fortress beim Kauf beraten. Später trat Ostrowski als Maklerin ehemaliger WoBa-Wohnungen auf. Sie wehrte sich gegen Korruptionsvorwürfe.[71]

Wir sehen, dass der Seitenwechsel ein Problem darstellt. Die bisherigen Karenzzeit-Regelungen, die Drehtür-Effekte verhindern sollen, reichen nicht aus. Sie gelten nur für Regierungsmitglieder und parlamentarische Staatssekretäre. Sie dürfen erst 12 bis 18 Monate später in die Wirtschaft wechseln. Lobbyverbände fordern zu Recht, dass die Abklingphase auf drei Jahre ausgeweitet wird.

IV.5 Schwache Lobby: Die Mieter*innen

Mit der zahlenmäßigen Unterlegenheit der Mieter*innenseite im Vergleich zur Immobilienlobby haben wir uns schon beschäftigt. Doch das ist nicht alles. Hinzu kommen organisatorische Schwächen und innere Konflikte.

Der deutsche Mieterbund verfügt im Verhältnis zur Immobilienlobby nicht nur über dramatisch weniger Geld und Personal. Die örtlichen Mietervereine machen vor allem Rechtsberatung ihrer Mitglieder und keine Wohnungspolitik. In den letzten Jahren findet zwar eine Politisierung der Mietervereine auf vielen Ebenen statt, die ich ausdrücklich begrüße, Kampagnenfähigkeit auf Augenhöhe bedeutet dies jedoch noch lange nicht.

Ein Hoffnungsschimmer ist die neue Mieter*innenbewegung, aktuell eine der aktivsten sozialen Bewegungen im Land. In jeder deutschen Großstadt gibt es inzwischen Initiativen, in denen Mieter*innen für ihre Rechte streiten. Sie kämpfen gegen Mietererhöhung, gegen teure Modernisierung, gegen den Verkauf ihres Hauses oder gegen ein bestimmtes Projekt in ihrer Stadt. Zwar gibt es bundesweite Vernetzungen, doch ist es schwierig, daraus ein langfristiges und dauerhaftes Engagement zu zimmern, das über die lokale Ebene hinausgeht. Das ist aus der Sicht von München oder Freiburg noch verständlich. Aber nehmen wir Berlin. In der Hauptstadt gibt es eine große Mieterbewegung, die aktivste im ganzen Land, die den Berliner Senat seit vielen Jahren mit Volksbegehren vor sich hertreibt und viele Menschen mobilisiert. Doch im Bundestag und bei der Bundesregierung, die sich ja ebenfalls in Berlin befinden, kommt relativ wenig davon an. Die Bundesebene ist für viele zu weit weg und wird als Adressat nicht wahrgenommen. Das ist dramatisch, denn hier werden die eigentlichen Entscheidungen in der Wohnungspolitik gefällt, die dann im ganzen Land gelten. Die Probleme, mit denen sich Initiativen an ihren Stadtrat oder an die Landesregierung richten, können diese häufig gar nicht lösen, denn sie können nicht ihre eigenen Gesetze machen.

Ich habe selbst mehrfach versucht, Netzwerke aufzubauen oder vorhandene Ansätze zu unterstützten, eine Mieterbewegung auf Bundesebene zu schaffen. Doch Bewegungen und Verbände, die eigentlich zueinanderkommen müssten, funktionieren nach unterschiedlichen Logiken. Hinzu kommt ein unterschiedlicher »Habitus« der Akteure: Die Chemie stimmt nicht. Der Mieterbund, die Gewerkschaften, die Sozialverbände, sie alle haben lange Entscheidungswege und brauchen bisweilen länger, um in die Puschen zu kommen. Sie sind häufig vorsichtiger, wenn es etwa um Aktionen oder Demonstrationen geht – es könnte ja was passieren. Bisweilen wurde ein eher sozialpartnerschaftlicher Umgang mit der Immobilienwirtschaft gepflegt – selbst dann, als der Renditedruck schon massiv war. Aktivist*innen hingegen wollen schnelles Handeln. Sie sehen in den Verbänden häufig lahme Tanker, die sich nur schwerfällig bewegen. Und schließlich ist es auch nicht ganz einfach, Mieter*innen kontinuierlich über einen längeren Zeitraum zu organisieren, auch wenn das eigene Problem gelöst oder der individuelle Kampf verloren ist. Wenn alle, die im letzten Jahrzehnt zwangsgeräumt wurden, auf die Straße gingen, wären sie voll. Dem Kölner Mietenaktivisten Kalle Gerigk verdanke ich den Hinweis, dass es häufig die Scham ist, die Menschen davon abhält.

Vor ein paar Jahren war ich in Nürnberg auf einer Mietenkonferenz. Es waren einige Mieterinitiativen da, wenige Linke und die *DKP*. Solche Bündnisse sind zu klein, um etwas auszurichten. Selbst der lokale Mieterverein wurde nicht eingeladen, man sah in ihm lediglich eine Vorfeldorganisation der *SPD*. Mietervereine und Mietenbewegung passen nicht immer gut zusammen. Am Ende bleiben Mieter*innen ohne starke Lobby.

V. Eigene Fehler und das politische Versagen von Mitte-Links

»Sie werden zu der Partei der Bosse und sind nicht mehr die Partei der Kleinaktionäre, der Arbeitnehmer und des Mittelstandes ... Sie sollten sich für die Schieflage Ihrer Politik schämen.«

(Rainer Brüderle, FDP, bei der Debatte zu Schröders Steuersenkungsgestz)[72]

Nicht verschwiegen werden soll auch, dass es viele »eigene« Fehler gab. Die der gemeinnützigen Wohnungswirtschaft zum Beispiel. Wir haben gesehen, dass der Betrugsskandal um die Neue Heimat entscheidend war, den Ruf der Gemeinnützigen zu ruinieren – zum Teil bis heute. Der Arbeiteradel in den Vorstandsetagen des gewerkschaftlichen Unternehmens hatte sich verselbständigt – und selbst bereichert, auf Kosten der Mieter*innen. Im Ergebnis fiel es offenbar schwer, die gemeinnützige Wohnungswirtschaft als die bessere Wohnungswirtschaft zu verteidigen. Der Skandal um die Neue Heimat hat zu einer grandiosen Hegemonieverschiebung beigetragen, zu einem enormen Landgewinn der privaten Wohnungswirtschaft. Bis heute ist die Neue Heimat das schärfste Schwert im Propaganda-Arsenal der Immobilienlobby.

Auch an kommunalen Wohnungsunternehmen gab und gibt es viele Kritiken. Abgehobene Vorstände, verkrustete Strukturen. Häufig höre ich Klagen, sie würden sich kaum besser verhalten als die Privaten. Viele Mieter*innen »fühlten sich ... selbst von den eigenen kommunalen Unternehmen oftmals im Stich gelassen, wenn es darum geht, Wohnungssuchende aus Problemgruppen unterzubringen, und werfen der gemeinnützigen Wohnungswirtschaft dann vor, sie sei zu sehr auf der Jagd nach den zahlungskräftigen und sozial nicht auffälligen Mietern«.[73]

Erschrocken hatte mich ein Besuch bei einer der größten kommunalen Wohnungsgesellschaften der Republik. Die jungen Referenten des Unternehmens beklagten den Wohnraummangel in ihrer Stadt. Dann zeigten sie mir, wo sie teure Eigentumswohnungen bauen wollten. Warum sie keine Sozialwohnungen bauen, fragte ich. Sie hatten noch nie vom Instrument Sozialwohnung gehört. In den letzten Jahren sind Städte wieder dazu übergegangen, ihren Wohnungsunternehmen klare Vorgaben zu machen. Initiativen wie der Mietentscheid Frankfurt kämpfen dafür. Alle Parteien haben schließlich mitgemacht beim Ausverkauf der Stadt. *Union* und *FDP* möchte ich hier nicht entlasten. Aber für die Vertretung der Interessen der Grundbesitzer wurden sie gewählt. Privatisierung war Teil ihrer Agenda.

Doch wie wir gesehen haben, fand der Höhepunkt der Privatisierungswelle ausgerechnet unter Rot-Grün statt, in der Regierungszeit von Gerhard Schröder. Insbesondere unter *SPD*-Finanzminister Hans Eichel wurde öffentliches Eigentum verscherbelt, dass es nur so krachte. Auch sein Nachfolger Peer Steinbrück ließ sich in dieser Hinsicht nicht lumpen. 70 Prozent aller Verkäufe von Bundesimmobilien bis 2013 fanden unter Rot-Grün statt, noch fünf Prozent mehr unter Beteiligung der *SPD*, die ab 2005 gemeinsam mit der *CDU* regierte.[74]

Privatisierung war nicht nur weitgehend unumstritten im politischen Establishment, ja es war sogar absoluter Mainstream. Mitte-links-Regierungen waren nicht im Widerstand, sondern setzten sich selbst an die Spitze der Privatisierungspolitik – sie haben sich dadurch an den Mieter*innen nachhaltig versündigt. Zum Höhepunkt des Ausverkaufs in den Jahren 2004 und 2005 gab es keine linke Opposition im Bundestag, da die *PDS* mit Ausnahme zweier direkt gewählter Abgeordneter nicht im Bundestag vertreten war. Doch auch auf sie war kein Verlass, wie der Verkauf der GSW Berlin gezeigt hat.

Auch die Liberalisierung der Kapitalmärkte wurde durch die Schröder-Regierung betrieben. Die Fonds wurden auf die Märkte gelassen, mit Steuergeschenken versehen. Der immer größere Landgewinn der profitorientierten Wohnungswirtschaft auf Kosten der Mieter*innen ist die Folge. Das ist keineswegs eine deutsche Besonderheit. Wissenschaftler*innen sprechen vom »politischen Paradox des Finanzmarktkapitalismus«[75] und beobachten ähnliche Prozesse in anderen Ländern. Gemeinsamer, fataler Gedanke dahinter: Alte Strukturen und Verflechtungen zwischen Banken und Industrie sollten aufgelöst werden. Man glaubte, dies auch mit der Stärkung der Aktionärsinteressen und der Finanzindustrie zu erreichen. Dass damit die Schwächsten unter die Räder kommen, wurde nicht gesehen – oder billigend in Kauf genommen.

Es ist traurig, denn eigentlich sollten doch die Mitte-links-Parteien die Interessen der weniger Betuchten vertreten. Die empfanden diese Art der Politik als Verrat – nicht ganz zu Unrecht. Meine Uroma bedankte sich für die Solidarität, die sie im Genossenschaftswesen erfahren hatte, mit Wahlkampfhilfe für die *SPD*. Sie hätte sich im Grab herumgedreht, wenn sie noch erlebt hätte, wie Schröder die Bergmannswohnungen privatisierte, die Renten kürzte und die Hedgefonds zuließ. »Dieser Lump«, höre ich sie sagen.

Nicht zuletzt wegen der Fehler, die sozialdemokratische und linke Parteien gemacht haben, gehen viele Menschen der unteren Schichten nicht mehr zur Wahl. Ich bin überzeugt: Die Zufriedenheit mit der Politik hat einiges mit der Wohnsituation zu tun. Es ist kein Zufall, dass die Wahlergebnisse der Rechten dort besonders hoch sind, wo sich niemand kümmert und die Plattensiedlungen leerstehen. Für bezahlbaren Wohnraum und ein attraktives Wohnumfeld zu sorgen, ist eine lohnenswerte Investition in die Demokratie.

In diesem Kapitel ging es um die Gründe dafür, warum die Interessen der Mieter*innen immer mehr unter die Räder kamen. Mythen, Träume und Ängste spielen eine Rolle. Eigeninteresse, Machterhalt und mangelndes Rückgrat eine andere. Und nicht zuletzt sind die Interessen der Wenigen sehr gut organisiert. Die Interessen der Vielen kommen unter die Räder der Lobby. Doch wie könnten Auswege aus der Misere aussehen? Welche Schritte bräuchte es, damit die Politik wieder die Interessen der Millionen und nicht nur der Millionäre vertritt?

4 Die Spielregeln ändern – Alternativen für bezahlbare Mieten

»The Landlord's Game shows why our national housekeeping has gone wrong and Prosperity Game shows how to start it right and keep it going right.«

»Monopoly zeigt uns, was in unserer Volkswirtschaft falsch läuft. Prosperity zeigt uns, wie wir es richtig anfangen und richtig machen.«

Monopoly sah nicht immer so aus, wie wir es heute kennen. Tatsächlich hieß der Vorläufer »Landlord's-Game« – Vermieterspiel. In der ursprünglichen Fassung von Elizabeth J. Magie Philipps, das 1904 auf den Markt kam, gab es zwei Spielregeln. Zum einen die, die wir heute noch kennen: Das Ziel besteht darin, den eigenen Reichtum zu mehren, in die Schlossallee zu kommen und die anderen Mitspieler*innen, wie es in den Spielregeln hieß, in den Konkurs zu treiben, damit sie für dich Miete zahlen, also für dich arbeiten müssen. Gewinner*in ist, wer am Ende ein Monopol hat. Das ist nicht nur die Variante des Spiels, die wir heute noch kennen. Es ist auch in etwa das, was in den Städten real passiert.

Schade, dass die Parker Brothers, die das Spiel übernommen und groß herausgebracht haben, die zweite Variante unter den

Tisch fallen ließ – sie ließ sich wohl nicht so gut verkaufen: Die hieß nicht »Monopoly« – Monopolbildung, sondern »Prosperity« – Wohlstand. Es ging um Wohlstand für alle. Wenn in dieser Variante jemand ein Grundstück erwarb, verdienten auch die anderen mit – man durfte sich also mitfreuen. Ein Spiel ohne Bodenspekulation. Das Ziel des Spiels war nicht der Bankrott der anderen, sondern jeder Spieler sollte seinen Wohlstand mehren. Das Spiel war dann gewonnen, wenn auch der letzte Spieler sein Startkapital mindestens verdoppeln konnte.

Den beiden Varianten des Spiels lagen auch unterschiedliche Vorstellungen der Stadt zugrunde: In der Monopoly-Variante war das große Eckgrundstück Privatgelände, »betreten verboten«. Wer es dennoch tut, muss ins Gefängnis. Bei Prosperity, der Wohlstands-Variante, war hier ein öffentlicher Park mit einem Armenhaus – »Eintritt frei«. In der aktuellen Fassung des Spiels ist hier übrigens ein Parkplatz. Freies Parken als Leitbild aktueller Stadtentwicklung – wie traurig!

Was wollte uns die Erfinderin des Spiels damit sagen? Dass es ein viel schöneres Spiel für alle ist, wenn man auf Zusammenarbeit und Kooperation setzt statt auf Konkurrenz und Überbietung. Und dabei ging es ihr natürlich nicht nur um das Spiel. Es geht um ein schöneres Leben für alle. Vielleicht lebten wir in einer besseren Welt, wenn nicht »Monopoly«, sondern »Prosperity« eins der bekanntesten Spiele der Welt geworden wäre. In einer Welt, in der nicht Konkurrenz, Monopolbildung und Verarmung, sondern Kooperation, Gemeinwohl und Wohlstand gelten.

Das ist das Leitbild für die Alternativen, die ich in diesem Kapitel vorschlagen werde. Sie sind formuliert vom Standpunkt der Mieter*innen und Normalverdiener*innen, nicht vom

Standpunkt etwa der Kapitalanleger*innen, Vermieter*innen oder der Bauwirtschaft. Auch deren Interessen sind legitim. Aber eine verantwortungsvolle Wohnungspolitik müsste sich zuallererst um die Menschen kümmern, die schon jetzt zu viel Geld für das Wohnen ausgeben, die aus den Wohnungen verdrängt werden, in denen sie zum Teil jahrzehntelang gewohnt haben, oder die überhaupt keine Wohnung finden. Sie sind Ausgangspunkt einer guten Wohnungspolitik. Deshalb lade ich ab und an betroffene Mieter*innen in Anhörungen des Bundestages ein. Das ist ein Game-Changer, es verändert das Spiel. Es macht einen Unterschied, die Stimmen der Betroffenen zu hören. Ziel einer guten Wohnungspolitik sind bezahlbare Wohnungen für alle, ist eine soziale Stadt für alle. Dafür muss die Politik Leitplanken setzen. Denn es ist offensichtlich geworden, dass der Markt es nicht alleine richtet. Die Liberalisierung des Wohnungsmarktes hat nicht zu Wohlstand für alle, sondern zu Mietenexplosion, Wohnungsnot und Verdrängungen geführt. Der Markt richtet es – im Interesse der starken, also vermögenden Marktteilnehmer*innen.

Einmal davon abgesehen, ist die Marktlogik grundsätzlich nicht das richtige Leitbild für den Wohnungsmarkt: Denn eine Wohnung ist in erster Linie ein Grundbedürfnis, ein Menschenrecht. Eine PlayStation oder Lidschatten, ein Trampolin oder Lounge-Garnitur: Das alles ist nice-to-have. Schön, wenn man es hat, wirklich brauchen tut man es nicht. Das kann der Markt alleine regeln. Doch eine Wohnung braucht jeder Mensch. Schon deshalb müssten bei Gütern der Daseinsvorsorge andere Regeln gelten als bei normalen Waren. Es müssten überhaupt Regeln gelten, und zwar nicht nur die von Rendite und Profit. Die Abschaffung von guten Spielregeln war keine gute Idee – das hat der Blick in die Geschichte gezeigt.

Vieles, was heut als linksradikal gilt, hat im Rheinischen Kapitalismus ganz gut funktioniert. Statt einem ungebändigten, von den Finanzmärkten getriebenen Kapitalismus gab es Regeln. An einige dieser Prinzipien möchte ich anknüpfen, erprobte Instrumente aufgreifen. Schließlich haben sie schon einmal funktioniert. Gleichzeitig geht es darum, alte Fehler zu vermeiden und aktuelle Antworten auf die neuen Herausforderungen zu finden. Die Welt hat sich gedreht. Und schließlich muss es darum gehen, die Probleme, die durch das Wohnopoly im Immobiliensektor entstanden sind, wieder abzuschaffen: Geldwäsche, Monopolbildung und Spekulation. Vor diesem Hintergrund mache ich die folgenden Vorschläge:

Was tun? Zehn Vorschläge, wie es besser laufen kann

I. Deckeln wie Berlin – ein atmender Mietendeckel

Der »Mietendeckel«, den der rot-rot-grüne Senat von Berlin im Jahr 2019 einführte, war ein Paukenschlag. Das Gesetz, das von der linken Bausenatorin Katrin Lompscher erarbeitet wurde, erregte im ganzen Land, ja international Aufmerksamkeit. Per Gesetz wurde ein Mietenstopp verhängt, das heißt, die Mieten wurden für rund 1,5 Millionen Miethaushalte eingefroren.[1] Außerdem wurden Mietobergrenzen festgelegt. Je besser die Ausstattung war, desto höher durfte die Miete sein. Tatsächlich hat der Berliner Mietendeckel dazu geführt, dass der bis dato rasante Mietenanstieg in der Stadt gestoppt wurde – im einzigen von 16 Bundesländern.[2] Überhöhte Mieten wurden verboten und konnten sogar abgesenkt werden. Das traf auf eine halbe Million Haushalte zu, also auf ein Drittel aller Wohnungen. Bei den betroffenen Mieter*innen löste das natürlich große Freude aus, viele erfuhren, wie viel Miete sie eigentlich »zu viel« zahlten, und sie hatten endlich wieder Luft zu atmen. Es war der eigentliche Knackpunkt: Dass Mieten auch wieder sinken können, ist im System nicht vorgesehen. Der Pfeil muss nach oben zeigen, egal ob die Löhne mithalten können. Dass zwei Drittel der Haushalte nicht absenken durften, deren Vermieter*innen sich also auch ohne ein solches Gesetz an die Regeln hielten, spielte für die Immobilienlobby keine Rolle. Ihr Aufschrei war groß – auf Seiten der Immobilienlobby, aber auch in weiten Teilen der Presse. Dabei ist die gesetzliche Regulierung der Mieten, wie wir gesehen haben, nichts Neues. Es gab sie bundesweit bis Mitte der 60er-Jahre, in einigen Städten sogar bis in die 70er- oder 80er-Jahre. Eine gesetzliche Regulierung der Mietpreise ist also prinzipiell möglich, wenn ein Bundesgesetz dafür Maßstäbe definiert. Nicht möglich ist ein reines Landesgesetz – das untersagte das Bundesverfassungsgericht, nachdem 284 Bundestagsabgeordnete von *Union* und *FDP* geklagt hatten. Dass diese wohlmöglich guten Kontakte zum Präsidenten des Bundesverfassungsgerichts, Stephan Harbarth, hatten, der vorher Obmann der *CDU* im Rechtsausschuss des Bundestages war, sei hier nur am Rande erwähnt. Denn sicherlich hat hier nichts mit nichts zu tun.

An dem Tag, an dem das Urteil den Berliner Mietendeckel zu Fall brachte, sollte es eine kleine Kundgebung am Herrmannplatz geben. Erwartet wurden vielleicht 2 000 Menschen. Doch der Platz füllt sich immer mehr – am Ende demonstrierten spontan 20 000. Ich war überwältigt – niemand hätte mit so vielen Leuten gerechnet. Doch eigentlich ist es kein Wunder: denn die Preise für neue Mietverträge sanken durch den Mietendeckel um zehn Prozent und die durchschnittliche Miete um sechs Prozent.[3] Nachvollziehbar, dass Mieter*innen das Urteil als einen herben Schlag erlebten. Die Immobilienwirtschaft hingegen jubilierte. Ein Schreiben des Lobbyverbandes ZIA ging sofort an die Bundestagsabgeordneten raus, unterzeichnet von Präsident Mattner und Geschäftsführer Wittke, beide *CDU*-Mitglieder. »Nun gilt es, ein Damoklesschwert ›Mietendeckel auf Bundesebene‹ zu verhindern.« Schade, dass sie sich damit durchgesetzt haben. Denn die Idee eines Mietendeckels ist seitdem aus der Öffentlichkeit verschwunden. Bedauerlich. Denn das Gericht entschied nicht gegen die Möglichkeit, Mieten gesetzlich zu deckeln, sondern nur darüber, wer es machen darf. Nicht die Länder, aber der Bund. Wie wir gesehen haben, hatte das die Bundesrepublik ja bereits getan. Jahrzehntelang gab es eine staatliche Mietpreisregulierung. Auch andere Länder deckelten die Mieten und tun es wieder. Die Schweiz zum Beispiel, wer hätte es gedacht. Hier orientieren sich die Mietpreise an den Hypothekenzinsen. In New York dürfen Mietpreise nur noch um 1,5 Prozent im Jahr steigen.[4] Mietpreise gesetzlich zu regulieren, ist alles andere als ungewöhnlich, auch wenn der große öffentliche Aufschrei es uns glauben lassen will. Eine aktuelle Studie vergleicht die Mietpreiskontrolle in 21 Ländern im Laufe der Jahrzehnte und kommt zu dem Ergebnis, dass staatliche Mietpreiskontrollen die Ungleichheit reduzieren.[5] Je strenger die Mietpreise reguliert werden, desto geringer die Ungleichheit. Denn die oberen Einkommensgruppen, also diejenigen mit dem großen Immobilienbesitz, verlieren an Einkommen, die unteren Einkommensgruppen profitieren. Ein Mietendeckel ist also nicht nur gut für das Portemonnaie der Mieter*innen, es macht das Land auch wieder ein Stück gerechter. Endlich würde es mal andersherum gehen – umverteilt würde von oben nach unten. Das erklärt auch den massiven Widerstand gegen das Gesetz.

Der Soziologe Andrej Holm und der bekannte Mietrechtsanwalt Benjamin Raabe haben ein verfassungsgemäßes Konzept für einen bundeweiten Mietendeckel vorgelegt. Dabei geht es nicht darum, im ganzen Land den gleichen Mietzins festzulegen. Höchstens acht Euro wären in München ein Segen, in Görlitz eine Katastrophe. Es geht darum, auf die lokalen Besonderheiten und Unterschiede Rücksicht zu nehmen. Es geht um festgelegte Kriterien, um ein Regelwerk, das dann greift, wen es nötig wird. Ob ein Mietendeckel gilt, wäre von Kriterien abhängig: Ein solcher »atmender«, also sich verändernder und angepasster Mietendeckel wäre in München ein anderer als in Osnabrück. In Schirgiswalde wäre gar kein Mietendeckel nötig. In den 42 von Holm und Raabe untersuchten Städten könnten nach diesem Konzept eine Million Menschen, die sich in einer »Wohnungsnotlage« befinden, die Mieten senken. In vielen anderen Städten kann der Markt es weiter richten – bis zu dem Zeitpunkt, wo die Preise zu hoch werden und der Deckel greift.[6] Und das Beste ist: Der Staat spart Geld. Nämlich Wohngeldzuschüsse, die sonst in überhöhte Mieten fließen würden. Ein solches Konzept würde auch mehr Planbarkeit und im besten Sinne des Wortes Berechenbarkeit für Kleinanleger*innen bieten, die auch nicht alle vom Mietendeckel begeistert waren, weil sie anders kalkuliert hatten. Aber auch hier gilt: Es gibt kein Recht auf Rendite, sehr wohl aber auf bezahlbares Wohnen.

Ein Mietendeckel ist schließlich eins der besten Mittel gegen Spekulation, da der Profit nicht mehr so hoch wäre. Das ist vermutlich auch der Grund dafür, dass sich das Angebot an Wohnungen durch den Mietendeckel reduzierte.[7] Auch wenn das

Beispiel Berlin nicht wirklich taugt, da viele Vermieter*innen das Urteil abwarteten. Aber auch der internationale Vergleich bestätigt diesen »unerwünschten Nebeneffekt«, allerdings vermutlich vor allem im oberen Preissegment.[8] Es gibt weniger teure Wohnungen.

Der Rückzug privater Investor*innen vom Immobilienmarkt wird häufig als großes Unglück beschrieben. Insbesondere von privaten Investor*innen selbst. Ich halte das nicht für schlimm. Im Gegenteil: Wir haben nicht zu wenig Kapital auf den Märkten, sondern zu viel. Wir brauchen den Platz für eine Stadtentwicklung, die nicht profitgetrieben ist, sondern sich am Gemeinwohl orientiert. Der Rückzug der Privaten eröffnet den Städten und Genossenschaften wieder den Raum, den sie brauchen, um selbst zu bauen. Das müssen sie dann aber auch tun. Schauen wir in eine Stadt, in der es funktioniert: nach Wien.

II. Bauen wie Wien – gemeinnützig wirtschaften, sozial bauen

Wenn man sich ansehen möchte, wie der gemeinnützige Wohnungsbau bis 1990 funktionierte, muss man nach Wien fahren. Ich bin froh, dass ich den Bauausschuss des Bundestages 2018 überzeugen konnte, genau das zu tun. Unsere Delegation fuhr nach Wien. Wir haben vieles auf unserer Reise gelernt.

Zum Beispiel, dass man in Wien deutlich weniger Geld für Wohnen ausgeben muss. In dem für den Gemeindewohnungsbau bekannten »Roten Wien« gab ein durchschnittlicher Arbeiterhaushalt nur vier Prozent des Einkommens für Wohnen aus.[9] Nun, so paradiesisch sind die Wohnungspreise in Wien heute nicht mehr. Aber in Vorträgen wurde uns erklärt, die Wiener*innen gäben im Schnitt nur 21 Prozent des Einkommens für Wohnen aus, während es im vergleichbaren München im Schnitt 36 Prozent sind, die für Wohnen draufgehen. Die Idee einer Neuen Wohnungsgemeinnützigkeit galt in Deutschland lange als linke Spinnerei. Anders in Wien: Mit Ausnahme der privaten Immobilienlobby zeigten sich eigentlich alle überaus zufrieden mit der Wohnsituation in ihrer Stadt. Das liegt auch daran, dass Menschen bis weit in die Mittelschichten hinein vom Gemeindewohnungsbau profitieren. Die Einkommensgrenzen sind mit 49 080 Euro für einen Singlehaushalt und 92 390 Euro für eine vierköpfige Familie relativ hoch bemessen.[10] Während die deutsche Wohnungspolitik die Mittelschichten spaltet, machen Menschen in Wien die Erfahrung, dass alle davon profitieren, wenn etwas für Geringverdiener*innen getan wird. Neben den 30 Prozent städtischen Wohnungen gehören weitere 30 Prozent zu Genossenschaften, so dass mit fast zwei Dritteln der Bevölkerung auch große Teile der Mittelschichten davon profitieren. Der Wiener Gemeindewohnungsbau hat auch deshalb einen besseren Ruf als der deutsche Sozialwohnungsbau, weil er einfach besser aussieht. Die Arbeiterwohnung mit Schwimmbad auf dem Dach habe ich bereits erwähnt. Bei jedem Bauvorhaben wird auch ein Architekturwettbewerb ausgelobt – und deshalb werden viele interessante und ästhetisch ansprechende Häuser gebaut.

Bei einem der Termine trafen wir eine ehemalige Investmentbankerin, die nun in der gemeinnützigen Wohnungswirtshaft arbeitet. Auch sie zeigte sich überaus zufrieden:

Denn bei der gemeinnützigen Wiener Wohnungswirtschaft liegt die Eigenkapitalrendite bei maximal 3,5 Prozent. Nicht so hoch wie bei manch privater Investition, aber dafür dauerhaft stabil. In der gemeinnützigen Wohnungswirtschaft werden die

Erlöse aufgewendet, um den Wohnungsbestand in Schuss zu halten – oder in den Neubau weiterer gemeinnütziger Wohnungen zu investieren. In der Privatwirtschaft wandern sie in die Hände der Besitzer*innen oder Aktionär*innen. Der Sinn eines gemeinnützigen Sektors auf dem Wohnungsmarkt ist Versorgung der Bevölkerung mit bezahlbaren Wohnungen. Die Mieten orientieren sich an den realen Kosten, die für Herstellung und Instandhaltung nötig sind, und eben nicht am Marktpreis. Im Gegenzug gibt es Steuererleichterungen. Gemeinwohlorientiertes, mieterfreundliches Verhalten würde dadurch belohnt – gegenwärtig gilt das umgekehrte Prinzip. Dadurch würde ein Teil des Wohnungsmarktes nicht den Prinzipien des Profits, sondern denen des Gemeinwohls folgen. Je größer dieser nichtprofitorientierte Teil auf den Wohnungsmärkten ist, um so besser. Das schränkt den Raum für Spekulation erheblich ein. Leider haben inzwischen selbst bei kommunalen Wohnungsgesellschaften und Genossenschaften betriebswirtschaftliche Ansätze die Oberhand gewonnen. Damit muss Schluss sein! Das Gemeinwohl muss endlich wieder Leitmotiv auf den Wohnungsmärkten sein, denn schließlich sind diese ein Grundrecht und keine austauschbare Ware.

Die Wiedereinführung einer Wohnungsgemeinnützigkeit, also eines nicht-Profitorientierten Wohnungssektors in Deutschland, fürchtet die Wohnungswirtschaft wie der Teufel das Weihwasser. Als 2016 *DIE LINKE* und kurz darauf die *Grünen* diesen Vorschlag ins Plenum des deutschen Bundestages einbrachten, wurde ihm mit massiver Gegenwehr begegnet. *Union, FDP* und die Immobilienlobby versetzt dieser Vorschlag in eine Schockstarre. Der Lobbyverband ZIA und der Wohnungskonzern LEG gaben ein Gutachten in Auftrag und auch der GdW druckte Broschüren: »Gut gemeint ist nicht gut immer gemacht.«[11] Selbst die *SPD*, von der man annehmen könnte, sie würde es bald als ihren eigenen Vorschlag reklamieren und auf die langjährige sozialdemokratische Involvierung in der gemeinnützigen Wohnungswirtschaft verweisen, hat lange gebraucht, um sich dieser Idee anzuschließen. Jetzt steht sie im Koalitionsvertrag der Ampel, droht dort allerdings zu einer Nischenspalte zu werden. Woher kommt der Widerstand? Weil eine Renditeerwartung von 3,5 Prozent offenbar von vielen als viel zu gering betrachtet wird. »Dafür lohnt es sich nicht«, höre ich immer wieder.

Die OECD lobt das Wiener Modell im internationalen Vergleich als vorbildlich.[12] Für die Wiedereinführung spricht auch der Klimaschutz. Die riesige Herausforderung, für mehr Klimaschutz in Gebäuden zu sorgen, ohne dass die Mieter*innen es irgendwann nicht mehr bezahlen können – das geht nicht in einem renditeorientierten System. Profitstreben steht sowohl mit dem Gemeinwohl als auch mit ökologischer Nachhaltigkeit auf Kriegsfuß. Umgekehrt kann ein gemeinwohlorientiertes System mit günstigen Mieten sich auch mehr Klimaschutz in Gebäuden leisten, ohne dass die Leute es nicht mehr bezahlen können.

Die Wiedereinführung einer Gemeinnützigkeit würde noch ein weiteres zu Beginn beschriebenes Problem lösen: den Rückgang des Sozialen Wohnungsbaus. Wir haben gesehen, dass das Kernproblem darin besteht, dass Sozialwohnungen aus der Bindung fallen. Allein in der letzten Legislaturperiode verringerte sich die Anzahl der Sozialwohnungen um 140 000 Wohnungen. Zukünftig muss das Prinzip gelten: Einmal Sozialwohnung, immer Sozialwohnung. Die Rettung des Sozialen Wohnungsbaus kann nur mit einer neuen Wohnungsgemeinnützigkeit gelingen.

Und nicht nur in puncto bezahlbare Mieten ist Wien vorbildlich: Die Stadt kann auch selbst bauen. Mit der Seestadt Aspern wird ein komplett neuer Stadtteil für mehr als 20 000 Menschen entstehen – einschließlich Infrastrukturanbindung und Arbeitsplätze. Bauherrin ist ein Unternehmen der Stadt Wien und nicht ein privater Investor.

Auch unsere Bundesregierung hat sich das Ziel gesetzt, mehr zu bauen. 400 000 Wohnungen sollen jährlich neu entstehen. Nur ein Viertel davon sollen Sozialwohnungen sein – und sie stellt dafür noch nicht einmal genügend Geld zur Verfügung. Konservative, Liberale, leider auch Teile der Sozialdemokratie setzen wahllos auf »bauen-bauen-bauen«. Schade, kommt es doch darauf an, was gebaut wird. Neue Luxuswohnungen wurden in den letzten Jahren schon genug gebaut. Sie lösen die Wohnungsfrage nicht. *Grüne* und *Linke* hingegen neigen dazu, den Neubau abzulehnen – zu klimaschädlich oder zu teuer. Doch die Neubaufrage muss auch von links beantwortet werden.[13] Wäre es nicht besser, eine Neubaustrategie von Anbeginn so zu gestalten, dass sie dem Aufbau einer neuen Gemeinnützigkeit dient? Die Wiedereinführung einer neuen Wohnungsgemeinnützigkeit darf kein Nischenprodukt sein. In Wien sind etwa 60 Prozent aller Wohnungen in gemeinnütziger Hand. In deutschen Großstädten waren es einmal etwa 30 Prozent. 2013 besaßen Kommunen und Genossenschaften gerade einmal noch knapp zwölf Prozent aller Wohnungen.[14] Das ist zu wenig. Der gesetzliche Rahmen für eine neue Wohnungsgemeinnützigkeit muss schnellstmöglich geschaffen werden – und dann wird es darauf ankommen, möglichst viele Wohnungen unter dem Dach der Gemeinnützigen zu versammeln. Das Geld dafür wäre da: Heute geben Bund, Länder und Kommunen 17,5 Milliarden Euro im Jahr für Mietzuschüsse aus – Wohngeld und Mietkosten für Menschen auf Hartz IV.[15] Geld, das NICHT NUR in den Taschen der Vermieter*innen landet, sondern regelmäßig dem Mietenwahnsinn hinterher finanziert. Es ist rausgeschmissenes Geld, denn einmal ausgegeben, kommt es nicht zurück. Warum nicht umsteuern und endlich wieder selbst bauen? Investitionen in öffentliche Wohnungen bleiben. Sie schaffen Werte, zukünftige Einnahmemöglichkeiten und zufriedene Bewohner*innen. Mit einem öffentlichen Wohnungsbauprogramm, das verbindlich und verlässlich über zehn Jahre läuft, könnte ein guter Grundstock gelegt werden. Jeder Euro, der in bezahlbaren, öffentlichen Wohnraum investiert wird, ist gut angelegtes Geld.

Und warum nicht alle Fördergelder, die der Bund ausgibt, zukünftig nur noch solchen Wohnungsunternehmen zugutekommen lassen, die sich dem Gemeinwohl verpflichten? Das wäre ein wichtiger Anreiz für städtische Wohnungsgesellschaften, Genossenschaften, aber auch für Private, der Gemeinnützigkeit beizutreten. Oder nehmen wir den Zugang zu Baugrundstücken, die immer mehr zu Mangelware werden. Auch hier muss Vorrang für Gemeinnützige gelten! Die wenigen Flächen, die noch da sind, brauchen wir für den gemeinnützigen Wohnungsbau.

Die »Ghettobildung«, wie es Konservative gerne nennen, also die Ausgrenzung der Armen am Stadtrand, muss durch neuen sozial-gemeinnützigen Wohnungsbau nicht sein. Städte wie München und Berlin sind inzwischen dazu übergegangen, bei jedem Neubauvorhaben einen verpflichtenden Anteil von Sozialwohnungen vorzuschreiben, um eine bunte Mischung der Wohnbevölkerung zu garantieren. Ich bin sehr dafür, neue Sozialwohnungen vorzugsweise in den Villengegenden von Berlin-Grunewald, Hamburg-Blankenese oder München-Bogenhausen zu bauen. Auch Kinder aus armen Familien brauchen Platz zum Spielen. Gut für die soziale Mischung ist es auch. Es gibt kein Recht der Besserverdienenden, die Schlossallee für sich allein zu haben. Reichenghettos haben in einer sozialen Stadt nichts verloren. Und in den Innenstädten mit Wohnungsnot, wo in den letzten zehn Jahren fast nur teure Wohnungen mit hohen Renditeerwartungen gebaut wurden, sollten jetzt nur noch soziale, gemeinnützige Wohnungen entstehen. Denn sonst ist die soziale Mischung dahin und wir haben Verhältnisse wie in London oder Paris.

Und was ist mit den Fehlern der gemeinnützigen Wohnungswirtschaft? Die Empfehlungen des Untersuchungsausschusses zur Neuen Heimat formulierten hier schon 1987 wichtige Hinweise.[16] Statt sie zu beherzigen, wurden sie abgeschafft. Belegungsbindungen und Kostenmiete müssten das Herzstück einer neuen Wohnungsgemeinnützigkeit sein. Zwingend notwendig erscheint mir das Verbot, einen großen, undurchsichtigen Konzern zu bilden. Zudem sollte ein striktes Regionalprinzip gelten – wir brauchen regional verankerte, nicht globale Wohnungsunternehmen. Außerdem braucht es eine bessere staatliche und parlamentarische Kontrolle. Selbstbereicherung und Verselbständigung der Vorstände dürfen sich nicht wiederholen: Vor allen Dingen braucht es mehr innerbetriebliche Demokratie durch eine starke Mitbestimmung der Mieter*innen. Die Mieter*innen müssen tatsächlich das Gefühl haben, dass es sich um »ihr« Wohnungsunternehmen handelt – dass sie mitgestalten und über das sie mitentscheiden können. Mit dem sie sich identifizieren können. Demokratisierung statt Privatisierung lautet das Schlüsselwort.

Und auch das wäre ein Beitrag für mehr Umverteilung:

III. Wir kaufen uns die Stadt zurück – Rekommunalisierung privatisierter Bestände

Kurz vor der Wahl zum Berliner Abgeordnetenhaus 2021 gelang dem rot-rot-grünen Senat ein Coup: Er kaufte den von Mieter*innen ungeliebten, wenn nicht gar gehassten Wohnungskonzernen Vonovia und Deutsche Wohnen auf einen Schlag 15 000 Wohnungen ab. Der damalige *SPD*-Bürgermeister Michael Müller wollte damit dem Volksbegehren »Deutsche Wohnen & Co. enteignen« den Wind aus den Segeln nehmen. Das Berliner Rückkaufprogramm war vorläufiger Höhepunkt einer neuen Strategie der Kommunen, die Fachleute Rekommunalisierung nennen. »Wir kaufen uns die Stadt zurück«, lautet der Slogan.

Nur noch sechs Prozent aller Wohnungen in Deutschland sind in kommunaler oder öffentlicher Hand.[17] Das ist zu wenig. Damit lässt sich kaum mehr ein dämpfender Einfluss auf die Mietentwicklung nehmen und die Entwicklung der Städte zu wenig im Interesse der Allgemeinheit steuern. Neben dem Neubau von Wohnungen stellt der Ankauf bzw. der Rückkauf vormals privatisierter Wohnungen eine weitere Möglichkeit dar, den Bestand an gemeinnützigen Wohnungen zu mehren. In der Tat ist es erklärungsbedürftig, warum die gesamte Welt auf Shoppingtour in den Städten unterwegs ist, weil die Investition in deutsche Immobilien offenbar als eine der besten Anlagemöglichkeiten gilt, nur die Kommunen selbst halten sich zurück. Die klammen Kassen vieler Kommunen mögen ein wesentlicher Grund dafür sein, gestiegene Preise sind ein anderer.

Entscheidender jedoch scheint mir, dass die Kultur kommunaler Investition in Wohnungen verloren gegangen bzw. nicht vorhanden ist. Doch das ändert sich. In den letzten Jahren haben Kommunen wieder vermehrt Wohnungen neu gebaut oder sie zurückgekauft. An der Spitze dieser Strategie steht Berlin. Das Instrument des kommunalen Vorkaufsrechts wird hier besonders gerne angewendet: 2015 bis 2021 wurden etwa 2700[18] Wohnungen von der Stadt gekauft, bevor es ein Investor tat. Bei weiteren 7500 Wohnungen gelang es, durch »Abwendungsvereinbarungen« eine soziale Vermietung nach dem Verkauf zu garantieren. Insgesamt sind unter der rot-rot-grünen Landesregierung seit 2016 insgesamt 41000 Wohnungen in den öffentlichen Wohnungsbestand zurückgekauft worden.[19]

Es kommt nicht nur darauf an, was gebaut wird, sondern auch, wem die Stadt gehört. Die Städte selbst müssen wieder einen nennenswerten Einfluss ausüben können, statt sie der Profitgier von Fonds und Konzernen preiszugeben. Auch Prof. Schularick und sein Team, der die Spaltung der Gesellschaft durch den Immobilienboom so treffend beschrieben hat, kommen zu der Erkenntnis, dass es vor allen Dingen mehr öffentliche Wohnungen geben muss. Angesichts der anhaltenden Niedrigzinsphase und günstiger Zinskonditionen kann das sogar ein langfristig gutes und nachhaltiges Geschäft darstellen, ohne dass es auf Kosten der Mieter*innen geht.[20] Dafür müssen Kommunen es aber auch wollen, sie müssen selbst in die Verantwortung gehen. Leider denken immer noch viele, dass es leichter ist, den Markt Investor*innen zu überlassen.

Auch der Bund könnte mehr tun. Im letzten Jahr hat die Bunderegierung mithilfe ihres eigenen Immobilienunternehmens BImA grade einmal sechs Wohnungen gebaut.[21] Ja, Sie lesen richtig. Die Anzahl neu gebauter Wohnungen durch den Bund kann man an zwei Händen abzählen. Kein guter Ausweis für eine Regierung, die »bauen-bauen-bauen« zu ihrem Leitmotiv erklärt hat. Und auch von Rückkauf keine Spur, obwohl der Bund der größte Privatisierer war. Einige Bundesländer wie Bayern gehen dazu über, wieder landeseigene Wohnungsbaugesellschaften zu gründen. Mit diesen – oder auch mit einer neuen Bundesbaugesellschaft – wäre es möglich, den Kommunen finanziell unter die Arme zu greifen, damit sie nicht mehr privatisieren müssen, sondern ihren Bestand nach und nach mehren können.[22]

In jedem Fall braucht es einen Rekommunalisierungsfonds, der Kommunen Anreize schafft und durch Geld in die Lage versetzt, ihre Städte nach und nach zurückzugewinnen. Solange sie nicht einen relevanten Teil ihrer Stadt besitzen, sind sie nicht Herr im Haus und müssen sich von zahlungskräftigen Investor*innen auf der Nase herumtanzen lassen. »Kaufen wir uns die Stadt zurück« – muss das Motto einer neuen städtischen Wohnungspolitik sein.

Damit die Kommunen das tun können, brauchen sie nicht nur Geld. Sie brauchen das Recht, sich die Stadt nach und nach zurückzukaufen, ohne ständig von einem Hedgefonds oder einer Briefkastenfirma überboten zu werden. Wir müssen das kommunale Vorkaufsrecht stärken! Denn die bisherigen Rückkäufe sind über ein solches Vorkaufsrecht erfolgt, das in bestimmten definierten Stadtteilen, sogenannten Milieuschutzgebieten, gegolten hat. Ein Urteil des Bundesverwaltungsgerichts vom 9. November 2021 hat es leider zunichte gemacht und die Rechte des Privatinvestors gestärkt.[23] Doch das Gericht bemerkt selbst, dass es auf einer veralteten Rechtsgrundlage urteilte, deren Änderung der Bundesrat bereits 2020 angeregt hatte.[24] Gesetze kann man ändern. Und das muss dringend geschehen. Es geht nicht nur darum, das alte Vorkaufsrecht wiederherzustellen. Es muss auch darum gehen, dass die Kommune dieses Vorkaufsrecht im gesamten Stadtgebiet hat und eben nicht nur in dafür in langwierigen Verfahren festgelegten Stadtteilen. Und schließlich darf es nicht so viel kosten, Expert*innen fordern seit langem, dass die Preise dafür gedeckelt werden müssen. Sie sollten sich daran orientieren, was bei einer sozialen, gemeinnützigen Vermietung an Ertrag rauskommen soll – und eben nicht an den spekulativen Mondpreisen, die auf den Märkten aufgerufen werden. Denn das würde die Kommunen zwingen, der Spekulation hinterher zu zahlen.

Und zu guter Letzt: Neben dem Neubau und dem Rückkauf stellt auch die Vergesellschaftung einen Weg dar, den Anteil an städtischem Eigentum zu mehren. Das sieht Artikel 15 des Grundgesetztes explizit vor. Er wurde noch nie angewendet. Genau das fordert die Initiative »Deutsche Wohnen & Co. enteignen« in Berlin, sie will den Artikel erstmalig auf Wohnungskonzerne mit mehr als 3000 Wohnungen anwenden, Genossenschaften und Kommunale ausgenommen. Eine Vergesellschaftung ist nichts anderes als eine erzwungene Rekommunalisierung. 59,1 Prozent der Berliner*innen haben sich dafür ausgesprochen. Initiativen in anderen Städten, zum Beispiel in Hamburg, wollen dem Berliner Beispiel folgen. Auch das ist eine Möglichkeit, für mehr Gemeinwohl auf den Wohnungsmärkten zu sorgen.

IV. Gemeinsam statt einsam – Genossenschaften stärken

In Köln besuchte ich die Genossenschaft Kalscheurer Weg. Genau genommen zwei Genossenschaften: Durch die Gründung einer Siedlungsgenossenschaft gelang es den Bewohner*innen, der Verdrängung auf einem ehemaligen Eisenbahngelände zu entgehen. Sie setzten mit viel Druck durch, dass sie das Gelände mithilfe der Erbbaupacht erwerben konnten – und es nicht höchstbietend versteigert wird. Für die freien Parzellen gründeten sie eine Mietergenossenschaft. Es sollen 107 Wohnungen entstehen – ausschließlich Sozialwohnungen. Ihr Motto: »Wir nehmen sozialen Wohnungsbau selbst in die Hand.«

Genossenschaften entstanden vor 150 Jahren, sie haben in den 20er- und 50er-Jahren einen beachtlichen Beitrag zur Lösung der Wohnungsnot geleistet. Sie sollten es auch heute wieder tun. Wir brauchen eine Renaissance des Genossenschaftswesens. Tatsächlich finden Neubauaktivitäten von Genossenschaften eher selten statt. Die Häuser sind längst gebaut, sie werden nur noch verwaltet.

Dabei haben Genossenschaften viele Vorteile. Der entscheidende ist, dass eine Genossenschaftswohnung im Grunde die gleiche Sicherheit bietet wie Eigentum, nur dass weniger Eigenkapital nötig ist. Bei den explodierenden Kosten ist Wohnungseigentum nahezu unerschwinglich geworden. Genossenschaften könnten eine Lösung sein. Sie bieten mehr Flexibilität, die wir heute brauchen. Die Wohnbedürfnisse verändern sich. Paare trennen sich, die Kinder ziehen in die große weite Welt – und nicht selten sitzt jemand allein in einem großen Eigenheim oder einer großen Mietwohnung mit deutlich zu viel Platz. Verkaufen und umziehen geht nicht, weil neu gemietete kleinere Wohnungen teurer sind als alte große. »Lock-in-Effekt« nennt man das – man sitzt alleine, nicht selten einsam in der alten Wohnung und kommt nicht mehr raus. Genossenschaften können hier eine gute Lösung sein: im Lauf des Lebens innerhalb der Genossenschaft umziehen und zu gleichen Konditionen wohnen. Gut aussehen kann es auch: Die Ostseeplatz-Genossenschaft in Berlin baute eines der größten Holzhäuser Deutschlands. Bei vielen Genossenschaften, gerade bei den Neugründungen, wird Gemeinschaft großgeschrieben. Die Freie Scholle in Bielefeld – ich liebe diesen Namen – stellte mir Angebote der Nachbarschaftshilfe vor. Der Wiener Wohnungsbau beeindruckte mich damit, dass ab einer bestimmten Größe Gemeinschaftsräume vorgeschrieben sind. Gute Nachbarschaft und Räume, in denen man sich begegnen kann, machen das Leben lebenswerter.

Genossenschaftswohnungen können eine attraktive Alternative zum Eigenheim sein. Genossenschaftlicher Wohnungsbau ist deutlich ressourcensparender als Eigenheimsiedlungen, in die die alte Bundesregierung sehr viele Fördergelder gesteckt und die sie gesetzlich bevorzugt hat. Es wird nicht jeder in einem Einfamilienhaus wohnen können. Aber nehmen wir das Bedürfnis ernst, das hinter diesem Traum steht: das Bedürfnis nach Sicherheit, Würde und Anerkennung. Das kann auch der genossenschaftliche Wohnungsbau garantieren: Genossenschaftsmitgliedern kann niemand kündigen, sie müssen nicht fürchten, auf die alten Tage wegen Eigenbedarf gekündigt zu werden. Wien sorgt dafür, dass die Wohnung auch an die Kinder vererbbar ist. Es wird also ein wichtiger Anreiz genommen, auf Teufel komm raus in Eigentum zu investieren und sich ein Häuschen jahrzehntelang vom Munde abzusparen. Wozu auch, wenn eine Genossenschaftswohnung nicht nur erschwinglich ist, sondern auch an Kinder und Enkelchen vererbt werden kann? Schöne Spielplätze im Hof und Gemeinschaftsgärten auf dem Dach sorgen für ein lebenswertes Wohnumfeld.

Genossenschaften haben eigentlich nur Vorteile. Also: Let's do it! Eine Renaissance des Genossenschaftswesens ist längst überfällig. Und was wäre dafür nötig? Zu einem eine Aktivierung der bereits vorhandenen Genossenschaften. Eine Baudezernentin klagte mir ihr Leid: Sie wollte eine der letzten vorhandenen Flächen ihrer Stadt an eine Genossenschaft geben, damit sie Wohnungen für Durchschnittsverdiener*innen bauen kann. Leider konnte sie keine dafür gewinnen. Viele Genossenschaften habe das Bauen verlernt. Wie sie es wieder lernen können? Indem Genossenschaften gezielt angesprochen, gefördert und bei der Planung unterstützt werden. Auch Genossenschaften würden unter den Schutz- und Förderschirm einer neuen Wohnungsgemeinnützigkeit fallen, sie sind neben der kommunalen Wohnungswirtschaft ein weiterer zentraler Baustein einer Neuen Wohnungsgemeinnützigkeit. In Wien stellen sie etwa ein Drittel des gesamten Wohnungsbestandes. In Deutschland mit gut zwei Millionen Wohnungen sind es gerade einmal sechs Prozent: Das ist ausbaufähig![25] Doch Steuererleichterungen haben Genossenschaften schon jetzt. Entscheidender scheint mir der privilegierte Zugang zu Baugrundstücken zu sein. Vorfahrt für Genossenschaften, nicht für Wohnungskonzerne! Die Realität ist leider häufig eine andere: Neu gegründete Baugenossenschaften haben das Nachsehen, wenn ein etablierter Bauträger einen Koffer mit Geld hinstellt. Bestehende Förderprogramme wie das Baukindergeld wurden bis zum Schluss nicht für den Kauf von Genossenschaftsanteilen geöffnet. Stattdessen legt man ihnen bürokratische Steine in den Weg. Wenn sie zu viele Solarzellen auf dem Dach haben, verlieren sie ihre Steuervorteile. Absurd.

Leider beobachte ich immer wieder Tendenzen bei Genossenschaften, sich als Wohnungsunternehmen für die Mittelschichten zu verstehen und sich von anderen – nach unten – abzugrenzen. Wir brauchen durchmischte Wohngebiete. Menschen mit kleinem Einkommen müssen unterstützt werden, Genossenschaftsanteile zu erwerben. Denn daran scheitert es für viele, die von Hartz IV leben oder gerade so über die Runden kommen. Wichtig wäre auch, die Bau- und Planungsleistung förderfähig zu machen, denn diese Kapazitäten haben Genossenschaften häufig nicht selbst.

Und das Beste ist: Es gibt sie schon, die Initiativen, die für eine Renaissance des Genossenschaftswesens streiten: Die Solidarische Wohnungsgenossenschaft Leipzig kauft Häuser, um die Bewohner*innen vor Investor*innen zu schützen. Die Genossenschaft Gröninger Hof baut in Hamburg ein Parkhaus zu Wohnungen um. Ein Bündnis junger Genossenschaften formiert sich und viele Initiativen von unten versammeln sich im Netzwerk Immovilien. Die Ideen sind da. Jetzt braucht es die politische Unterstützung! Doch wie bei den Kommunalen gibt es auch bei den Genossenschaften Klagen: Auch hier haben sich Vorstände verselbständigt. Die Genossen haben Angst, dass ihre Meinung nicht mehr gefragt ist. Initiativen wie »Genossenschaft von unten« fordern Demokratisierung des Genossenschaftswesens. Sie wollen ihre Vorstände wählen und Mitgliederentscheide durchführen. Das sollte selbstverständlich sein.

V. Anti-Spekulationsgesetz: Spekulation besteuern

Wir haben im ersten Teil des Buches gesehen, was Steuergeschenke an Fonds und die Liberalisierung der Finanzmärkte angerichtet haben. Sie haben zu Massenprivatisierung geführt und die Spekulation mit Betongold befördert. Und es ist genau diese Spekulation, die zu Mietenexplosion, Kostenexplosion, zur Verdrängung und zur Spaltung des Landes führt. Die steuerbegünstigte Spekulation steht hinter der Wohnungskrise. Die Steuerschlupflöcher, die sie ermöglicht, müssen wir schließen und dafür sorgen, dass die vernünftigen Akteure gestärkt werden. Dafür brauchen wir ein Antispekulationsgesetz, um diese unheilvolle Entwicklung zu stoppen.

Die Steuervorteile, die sich im Immobilienbereich verstecken, sind massiv, die Ungerechtigkeiten in unserem Steuersystem groß. Es beginnt damit, dass Arbeitseinkommen besteuert werden, Vermögen nicht. Die Vermögenssteuer ruht, seit das Bundesverfassungsgericht sie 1995 für nicht verfassungsgemäß erklärt hat – wegen einer veralteten Immobilienbewertung. Vor die Wahl gestellt, Immobilienvermögen neu – vermutlich höher – zu bewerten oder sie auszusetzen, entschied sich die Politik lieber für das Aussetzen: Die weitere Spaltung zwischen Vermögenden und Nicht-Vermögenden ist die Folge. Die oberen zehn Prozent, die einen Großteil des Vermögens und Immobilienvermögens besitzen, dürfen sich freuen. Das Vermögen von Multi-Millionären kommt unversteuert davon, die Kassiererin bei Aldi muss Steuern zahlen. Dieses schreiende Unrecht wird vermutlich nur deswegen akzeptiert, weil es für das Alltagsbewusstsein unsichtbar ist. Zahlreiche weitere Steuervergünstigungen, immer neue Abschreibungsmöglichkeiten, innerdeutsche Steueroasen im Immobilienbereich kommen hinzu – die nur Steuerberater*innen, kritischen Wissenschaftler*innen und eben sehr Vermögenden bekannt sein dürften.[26] Große Anwaltskanzleien beraten bei Fonds und Private Equity. Man braucht Profis, um das undurchsichtige Knäuel von ganz legalen Steuertricks zu vermeiden. Geld in Fonds und Immobilien zu verstecken und Steuern damit zu vermeiden, dafür bietet sich unser kompliziertes Steuerrecht geradezu an. Sie kommen Menschen zugute, die so viel Geld besitzen, dass sie in Immobilien investieren können. Und das ist im Moment ein sehr einträgliches Geschäft. Hier zeigt sich der Staat großzügig mit Steuergeschenken. Wer von Hartz IV lebt, muss sich hingegen vor dem Staat nackig machen – wehe, die Wohnung ist ein paar Quadratmeter zu groß oder zu teuer –, da kann man schnell zum Umzug gezwungen werden. Allein im letzten Jahr mussten Hartz-IV-Betroffene von ihrem spärlichen Regelsatz 460 Millionen Euro für Wohnkosten hinzuzahlen, das sind 93 Euro pro Monat und Haushalt.[27] Und schließlich haben wir ein absurdes Erbschaftsrecht: Wer ein Haus mit 30 Wohnungen erbt, muss es versteuern, wer zehn Mietshäuser mit 3000 Wohnungen erbt, ist fein raus. Warum? Weil er dann als »Wohnungsunternehmen« zählt.[28] Wer hingegen von Hartz IV lebt und ein selbstbewohntes Haus erbt, wird geprüft auf Mark und Bein. Ist die Wohnfläche zu groß, kann man zum Auszug gezwungen werden. Das ist absurd. Wir müssen das Steuerrecht vom Kopf auf die Füße stellen.

Aus Sicht der Wohnungspolitik möchte ich mich hier auf die Abschaffung der Steuervorteile für Spekulation konzentrieren: Das Geschäft mit Immobilienspekulation darf sich nicht mehr lohnen. Die großzügigen Steuergeschenke, die unsittliche Geschäftsmodelle belohnen, müssen der Vergangenheit angehören. Das wäre der einfachste Weg, Fonds wieder loszuwerden und vielleicht auch börsennotierte Aktiengesellschaften. Treffen wir sie dort, wo es ihnen am meisten wehtut: beim Geld. Das Kapital ist ein scheues Reh – wenn die Kapitalanlage nicht mehr stimmt, wird nach anderen Anlagemöglichkeiten gesucht. Es würde Millionen Mieter*innen entlasten, wenn die Last der Geldvermehrung nicht mehr so sehr auf ihren Schultern lastet.

Der erste Baustein eines Antispekulationsgesetzes müsste sein, die Steuergeschenke an Fonds und Konzerne, die Schröder im Jahr 2000 eingeführt hatte, also zum Beispiel die Steuerfreiheit von Veräußerungsgewinnen bei Immobilienverkäufen von Unternehmen, wieder abzuschaffen. Die vorwiegend im Ausland tätigen Fonds scheinen insgesamt ein beliebtes Feld für versteckte Steuerprivilegien und Steuervermeidung zu sein.[29] Vermutlich haben nur auf Private-Equity-Fonds spezialisierte Steuerberatungen oder Anwaltskanzleien den Überblick. Wie hoch diese Steuerausfälle sind, kann derzeit niemand sagen.[30] Gerechtfertigt sind sie auf keinen Fall. Es gibt wahrlich keinen Mangel an Kapital auf dem deutschen Immobilienmarkt, dass man es mit Steuergeschenken anlocken muss.

Der zweite Teil eines Anti-Spekulationsgesetzes müsste in der Abschaffung des Steuerschlupflochs Share Deal bestehen, das ich schon mehrfach genannt habe. Gemeint ist das Prinzip, dass Erika Mustermann beim Hauskauf Grunderwerbsteuern zahlen muss, Vonovia hingegen nicht. Es begünstigt die großen Immobilienkäufer*innen und belastet die Häuslebauer*innen. Durch diesen ganz legalen Steuertrick entgehen dem Staat Milliarden, die Wohnungsriesen freuen sich. Nicht nur ich vermute, dass der intensive Lobbyismus, den Vonovia und Deutsche Wohnen beim Finanzministerium betreiben, genau damit zusammenhängt. Würde es hier endlich eine gerechte Besteuerung geben, könnte das eingenommene Geld zum Beispiel für die Rekommunalisierung eingesetzt werden.

Kommen wir zum dritten Punkt, der Steuerfreiheit von privaten Wiederverkäufen. Während jemand, der 30 000 Euro im Jahr verdient, diese voll versteuern muss, zahlt jemand auf 300 000 Euro Gewinn, die er durch den Wiederverkauf eines Hauses zu einem höheren Preis gemacht hat, keinen Euro Steuern. Vorausgesetzt, er hat zehn Jahre gewartet, denn dann endet die sogenannte Spekulationsfrist. Und angesichts der massiven Kostenexplosion der letzten Jahre sind solche Gewinnmargen nichts Ungewöhnliches, zumindest in den Großstädten. Das ist einer der Gründe, warum die Investition mit Betongold auch für Privatleute so attraktiv ist. Der dritte Baustein eines Antispekulationsgesetzes müsste also die Abschaffung der Spekulationsfrist sein, denn es ist ungerecht, dass jemand mit einem Bruttolohn von 30 000 Euro voll Steuern zahlen muss – und sich vermutlich nie eine Immobilie wird leisten können; aber jemand, der Kapital hat und spekuliert, seinen Gewinn von 300 000 Euro nicht versteuern muss. Und da die großen Preissprünge grade in den letzten zehn Jahren stattgefunden haben, würden hier ordentliche Steuereinnahmen winken, mit denen Sozialwohnungen gebaut werden könnten. Natürlich muss es Ausnahmen geben für jemanden, der selbst genutztes Eigentum verkauft, um dann ein anderes selbst genutztes Eigentum zu erwerben, das die gleichen Preissprünge mitgemacht hat.

VI. Bauen muss bezahlbar sein – Bodenspekulation begrenzen

> »Die Grund- und Bodengewinne, die zum großen Teil aufgrund von Leistungen der Allgemeinheit erzielt werden, müssen wie die übrigen Einkommen besteuert werden. Die Grundstückspreise in der Bundesrepublik Deutschland steigen in einem Maße, dass es nicht zu verantworten ist, diese Gewinne unversteuert in die Taschen einiger fließen zu lassen.«[31]
>
> *(Franz Josef Strauss, 1970)*

Wir haben gesehen, dass die Bodenfrage eine Schlüsselfrage zur Lösung der Wohnungsfrage darstellt. Nur wenn es gelingt, die rasanten Preissteigerungen bei Baulandpreisen in den Griff zu bekommen, kann bezahlbarer Wohnraum entstehen. Bodenpreise explodieren, machen wenige reich und das Bauen für andere unbezahlbar. Es wird Zeit, sie zu regulieren.

Aus der Vielzahl von guten Vorschlägen[32] zur Bodenpolitik möchte ich daher einen hervorheben: die »Bodenwertzuwachssteuer«, also die Besteuerung von Spekulationsgewinnen. Sinn einer Bodenwertzuwachssteuer ist es, Spekulation mit Immobilien unattraktiv zu machen. Egal wo man hinkommt: In vielen Großstädten liegen innerstädtische Grundstücke brach. Sie werden gekauft, ein paar Jahr liegen gelassen, dann zu einem deutlich höheren Preis weiterverkauft. Auch mit diesem Spekulationsmodell ist der seit zehn Jahren kontinuierlich ansteigende Bauüberhang von 780 000 genehmigten, aber nicht fertiggestellten Wohnungen zu erklären.[33] So geht es immer weiter. Irgendwann kann darauf kein bezahlbarer Wohnraum mehr entstehen, weil es schlichtweg zu teuer wird. Es profitieren diejenigen, die genügend Kapital besitzen, ihr Geld in Boden zu parken. Durch Abwarten und Nichtstun werden sie immer reicher. Die gleiche Spekulation findet übrigens auch bei Agrarflächen statt, die von Unternehmen oder Privatpersonen gekauft werden, die gar nichts mit der Landwirtschaft zu tun haben. Doch bleiben wir hier beim Bauland. Die Besteuerung der Wertzuwächse hat daher drei Ziele:

Erstens muss sie die Spekulation mit Boden wieder unattraktiv machen. Eine ordentliche Besteuerung sollte das Spiel von kaufen, brach liegenlasen, wieder verkaufen durchkreuzen, weil es sich einfach nicht mehr lohnt.

Zweitens müssen wir die enormen Bodenpreissteigerungen wieder in den Griff bekommen. Diese Preissprünge machen Bauen unbezahlbar und vergrößern die Ungerechtigkeit zwischen Vermögenden und allen Übrigen.

Und schließlich sollen die Einnahmen an die Gemeinde fließen, damit sie mit den Einnahmen sozialen oder gemeinnützigen Wohnungsbau finanzieren können. Wie wir gesehen haben, war eine solche Wertzuwachssteuer eine wichtige Forderung in Hans-Jochen Vogels Reformagenda der 1970er-Jahre. Die Einsetzung scheiterte am Widerstand der Grundbesitzerlobby sowie an unterschiedlichen Vorstellungen der Koalitionspartner, wie sie genau auszugestalten ist. Ob der Streit um Details nur ein Ablenkungsmanöver der *FDP* war, um das Vorhaben durch ständige Vertagung zu versenken, wir wissen es nicht. Für die Ausgestaltung könnte man sich bis heute am Papier der Bodenrechtskommission des *SPD*-Parteivorstandes von 1972 orientieren. Ihr ging es um »eine angemessene Beteiligung der öffentlichen Hand an den Wertsteigerungen von Grund und Boden zur Finanzierung der Infrastrukturinvestitionen«.[34]

Die *SPD* legte ein Konzept mit vor, das eine jährliche Steuer auf die Wertzuwächse erhebt, aber umfangreiche Befreiungen vorsah: für selbstgenutztes Eigentum, für den Großteil der landwirtschaftlich genutzten Fläche sowie für gemeinnützigen oder Sozialen Wohnungsbau. Eine Art Vermögenssteuer für den Boden. Ich würde mich fürs Erste schon mit dem Konzept der *FDP* zufriedengeben, nach der die Steuer nicht jährlich, sondern erst beim Verkauf fällig geworden wäre. Immer noch besser als die derzeitige Regelung, nach der die leistungslosen Gewinne weitgehend unversteuert in die Tasche der Spekulant*innen wandern.

VII. Regulieren wie die Dänen – Immobilienbesitz beschränken

Eine Sparkassenberaterin schilderte mir folgenden tragischen Fall: Monatelang hatte sie eine Familie bei der Finanzierung eines Wohnungskaufs beraten. Endlich war die Wohnung gefunden und der Kredit bewilligt – da wurde die Kundin buchstäblich in letzter Minute vor dem notariellen Kaufabschluss von einer dubiosen Limited-Firma mit Sitz auf den Kanalinseln überboten.

In Dänemark wäre das nicht möglich. Der Immobilienerwerb ist dort nur Menschen mit Wohnsitz in Dänemark oder einer Ausnahmegenehmigung möglich. Auch die Schweiz begrenzt den Zugang zu Immobilien. Das sogenannte »Lex Koller« von 1985 erlaubt nur Menschen mit Lebensmittelpunkt in der Schweiz den Immobilienkauf; Ferienwohnungen sind möglich nach Genehmigung. Für Gewerbe gilt keine Beschränkung, eine Verschärfung scheiterte[35]. Kürzlich sorgte die kanadische Regierung für Schlagzeilen: In den nächsten beiden Jahren soll es nur noch Kanadiern erlaubt sein, Häuser zu kaufen, bis sich der spekulative Markt wieder abgekühlt hat. In Neuseeland gibt es ähnliche Regelungen.

Der immer größer werdende Anteil internationaler Akteure auf dem Immobilienmarkt sorgt auch in Deutschland für Diskussionen. Der ehemalige Berliner Regierende Bürgermeister Michel Müller machte ähnliche Vorschläge und forderte den Bund zum Handeln auf.[36] Der beauftragte das eigene – das Forschungsinstitut der Bundesregierung, BBSR, mit einer »Vorstudie zum Anteil ausländischer Investoren auf dem Immobilienmarkt«.[37] Aber aufgrund unseres undurchsichtigen Grundbuchwesens kann selbst dieses nicht beantworten, welches Ausmaß die Globalisierung des Immobilienbesitzes angenommen hat.

Ob das EU-Recht eine solche Regelung ermöglicht, ist unklar. Dänemark hatte sich abgesichert und eine Protokollerklärung bei EU-Verträgen hinterlassen, die die Einschränkung von ausländischem Immobilienerwerb garantiert. Auch in Deutschland galten bis 1998 Zulassungsbeschränkungen in einigen Bundesländern. Der Bundestag hatte sie schließlich abgeschafft – um umgekehrt den Immobilienerwerb für deutsche Unternehmen im Ausland zu ermöglichen.

Eins möchte ich klarstellen: Wenn ich dafür plädiere, wenigstens für einen begrenzten Zeitraum den Erwerb von Immobilien auf Menschen zu beschränken, die hier ihren Hauptwohnsitz haben, dann geht es mir nicht um eine nationale Haltung. Deutschland ist ein Einwanderungsland, das ist auch gut so. Doch wir öffnen die Türen sehr weit für Kapital und verschließen sie vor Menschen in Not – auch das sollten wir umdrehen. Ich finde nur, dass diejenigen, die hier leben und eine Wohnung brauchen – egal welcher Nationalität –, Vorrang haben müssen vor denjenigen, die die Stadt noch nie betreten haben und lediglich eine Kapitalanlage suchen. Lokal vor global, gemeinnützig vor profitorientiert. Diese Prinzipien sollten zukünftig gelten.

Doch lokal kann nicht das einzige Kriterium für Immobilienerwerb sein. Ein anderes muss das Geschäftsmodell sein.

VIII. Wer darf mitspielen? Fonds und Konzerne gehören nicht auf den Wohnungsmarkt

Ich war schockiert bei einer Versammlung von Vonovia-Mieter*innen 2018 in Stuttgart. Ein vollgefüllter Saal, viele Rentner*innen, die seit Jahrzehnten in ihrer Wohnung leben. Sie sind wütend. Und sie haben Angst. Wenn sie die Mieterhöhung nicht mehr zahlen können, wenn sie rausfliegen, dann bricht ihre Welt zusammen. Auf den überhitzten und überteuerten Märkten ist es unmöglich, etwas Neues zu finden, erst recht ohne Arbeitsvertrag und Schufa-Auskunft. Jede Modernisierungsankündigung ist für sie ein Schlag in die Magengrube.

Jede Mieterhöhung eine existentielle Bedrohung. Wer hingegen ein Aktienpaket von Vonovia besaß, durfte sich freuen: Im selben Jahr schüttete der Konzern 746 Millionen Euro Dividenden aus. Der Vorstandsvorsitzende gönnte sich ein Gehalt von knapp fünf Millionen Euro. Erwirtschaftet wurde es unter anderem von Leuten in diesem Saal, von armen Leuten.

Seien wir ehrlich: Brauchen wir börsennotierte Aktiengesellschaften und internationale Fonds, um die Versorgung mit bezahlbarem Wohnraum sicherzustellen? Die Antwort ist klar Nein. Es geht ihnen nicht um Wohnungsbau und Wohnraumversorgung, es geht ihnen einfach nur ums Geld. Um die Rendite für ihre Aktionär*innen und Anleger*innen zu erhöhen, treiben sie die Miete nach oben und machen die Städte immer teurer. Ziel einer demokratischen Eigentumsordnung muss es sein, einen möglichst großen Anteil von Wohnungen im Eigentum der Städte, Genossenschaften, für Selbstnutzer*innen und Kleinvermieter*innen zu reservieren.

Allein die Investitionen der Fonds lagen in den letzten Jahren stabil über 20 Milliarden Euro – im Jahr.[38] Da kann der Soziale Wohnungsbau mit einer Milliarde nicht mithalten. Deutschland ist der größte Fondsmarkt in Europa und verwaltet die astronomische Summe von 2,781 Milliarden Euro. Der überwiegende Teil dieser Fonds ist in Luxemburg aufgelegt, der freundlichen Steueroase von nebenan.[39] Ankäufe der Private-Equity-Fonds erreichen Rekordwerte, ebenso die Gewinne der Wohnungskonzerne. Wir sind gut beraten, sie wieder loszuwerden. Nur: wie?

Eine Methode ist die Vergesellschaftung nach Artikel 5 Grundgesetz. Die Initiative »Deutsche Wohnen & Co. enteignen« ist eine der umtriebigsten und erfolgreichsten Mieteninitiativen der Republik. Es gelang ihr, über 59 Prozent der Berliner*innen von ihrer provokanten Forderung zu überzeugen. Ein beachtlicher Erfolg! Ich fürchte nur: Außerhalb Berlins oder vielleicht Hamburgs wird diese Forderung nicht mehrheitsfähig. Selbst in Berlin sitzt die Regierende Bürgermeisterin Franziska Giffey die Sache einfach aus. Es gibt noch andere Mittel: das eine, ihr Geschäftsmodell anzugreifen. Dabei würde ein Mietendeckel und das Kapern von Steuervorteilen schon helfen. Sie per Gesetz unter das Dach einer Neuen Wohnungsgemeinnützigkeit zu zwingen, wäre das andere. Wo die Rendite nicht mehr stimmt, so die Hoffnung, suchen sie sich ein anderes Geschäftsfeld.

Weniger prominent ist ein weiteres Instrument: Unter dem sperrigen Namen »Wohnungswirtschaftsgesetz« wird diskutiert, eine Rechtsgrundlage dafür zu schaffen, wie eine gute Bewirtschaftung von Wohnraum eigentlich aussehen muss. Nennen wir es besser: Fair-Mieter-Gesetz. Es geht um neue Spielregeln. In denen müsste festgelegt werden, was ein gutes Wohnungsunternehmen oder eine gute Vermietung leisten muss – zum Beispiel das Haus in Schuss zu halten und Rücklagen dafür zu bilden. Ganz entscheidend ginge es darum festzulegen, wer sich überhaupt auf dem Wohnungsmarkt tummeln darf. Wer darf mitspielen und wer nicht? Erst kürzlich hat Professor Stefan Klinski einen spannenden, juristisch fundierten Vorschlag dafür gemacht, den ich an dieser Stelle aufgreifen will.[40] Kernaussage: Finanzinvestoren und Briefkastenfirmen gehören nicht auf den Wohnungsmarkt. Um den Wohnungsmarkt »von dem spezifischen Druck des Kapitalmarkts zu befreien, ... ist es konsequent, diejenigen Unternehmen vom Wohnungsmarkt auszuschließen, die diesen Druck in den Wohnungsmarkt hineinbringen.«[41]

Ein provokanter Vorschlag? Warum haben wir nicht den Mut zu sagen, dass Wohnungen zuallererst zum Wohnen da sind – und keine Geldanlage für Fonds und Konzerne? Sprechen wir aus, dass Mieter*innen nicht dazu da sind, in großem Maßstab die Rente von anderen Leuten zu erwirtschaften, wenn sie selbst in Altersarmut landen. Dass unsere Städte nicht dazu da sind, schmutziges Geld zu waschen. Und dass Wohnungen einfach nicht an die Börse gehören. Wir brauchen Platz. Wir haben Eigenbedarf.

Wie wir gesehen haben, wurden Hedgefonds und REITS aktiv und per Gesetz zugelassen. Man kann Gesetze ändern und ihnen den Zugang zum Wohnungsmarkt wieder verwehren. Auf den Energiemärkten, bei der Telekommunikation oder im Verkehrsbereich ist es übrigens nichts Neues, dass Unternehmen eine Genehmigung brauchen. Wer mitspielen will, muss Kriterien erfüllen. Denn es geht um die Daseinsvorsorge. Um Güter, die jeder Mensch zum Leben braucht. Wo, wenn nicht bei Wohnungen, brauchen wir Regeln? Wenn wir demokratischere Eigentumsstrukturen wollen, dann müssen wir den Fonds und Konzernen Adieu sagen.

Bleibt die Frage, was mit den Wohnungen der Fonds und Konzerne passiert, wenn wir ihnen die Zulassung entziehen? Professor Klinski macht einen charmanten Vorschlag: Es bleibt eine Übergangsfrist, in der müssen sie verkaufen. Das ist die Chance für städtische Wohnungen und Genossenschaften. Wenn wir gleichzeitig ein verbilligtes Vorkaufsrecht für die Städte beschließen, dann ist die Rekommunalisierung leicht gemacht. Damit Mieter*innen wieder Luft zum Atmen bleibt, Menschen in Sicherheit wohnen können.

Und vielleicht können wir noch weitere Gruppen für diesen Vorschlag gewinnen, die Sozialisierungsideen fürchten, aber die wir brauchen, um die Hegemonie der Reichen und Marktgläubigen zu brechen: Der Begriff »Enteignung« macht vielen Angst. Dass es der Initiative nur um private Konzerne mit mehr als 3000 Wohnungen geht, wird überhört – zu groß ist die Sorge der Mittelschichten, dass es Oma Elses Häuschen treffen könnte – auch wenn man es selbst nicht besitzt. Vielleicht können wir diejenigen, die nicht mit dem goldenen Löffel im Mund geboren wurden und trotzdem Eigentum erwerben wollen, mit dieser Idee überzeugen: Wenn die Wohnungen der Fonds und Konzerne verkauft werden, können die Märkte sich wieder entspannen. Wenn das Vorkaufsrecht auch für die Mieter selbst gilt, haben sie vielleicht wieder eine Chance, ihren kleinen Traum zu verwirklichen. Die Häuser denen, die drin wohnen, hieß es schon in der Hausbesetzerbewegung.

IX. Task Force Geldwäsche

Bleibt die Frage, wie wir das schmutzige Geld, das in Immobilien gewaschen wird, wieder loswerden. Ich erinnere: Wir sprechen hier von bis zu zehn Prozent des jährlichen Kaufpreisvolumens auf dem Immobilienmarkt, also bis zu 25 Milliarden Euro jährlich. Und schätzungsweise ebenfalls zehn Prozent der deutschen Immobilien sind in so komplizierte Unternehmensgeflechte verwoben, dass man nicht weiß, wem sie eigentlich gehören und wer dafür Steuern zahlen sollte.[42] Wie wenig handlungsfähig Deutschland ist, wenn es um Geldwäschebekämpfung geht, zeigte sich nicht zuletzt im Kampf gegen die versteckten Vermögen russischer Oligarchen: In Italien wurden immerhin Vermögen von mehreren Hundert Millionen und in Frankreich von 850 Millionen Euro eingefroren, in Belgien waren es stolze zehn Milliarden Euro. In Deutschland hingegen waren es lange Zeit nur Werte in Höhe von 95 Millionen Euro, die infolge von EU-Sanktionen gegen russische Oligarch*innen eingefroren wurden.[43] Es dürfte eine entscheidende Rolle spielen, dass wir einfach nicht wissen, wem die Städte gehören.

Ein simpler Vorschlag: mehr Transparenz! Wenn Deutschland deswegen so attraktiv für Geldwäsche ist, weil man die Spur des Geldes durch ein überholtes Grundbuchwesen nicht nachverfolgen kann, machen wir es mit Hilfe eines Immobilienregisters öffentlich. Wenn windige Herren mit einem Koffer voller Bargeld beim Notar aufschlagen – verbieten wir den Bargeldkauf. Es ist schlichtweg skandalös, dass dieser so lange geduldet wurde. Drittens möchte ich noch einen Vorschlag aus dem sonst viel gescholtenen Berlin aufgreifen: eine Taskforce Geldwäsche im Immobilienbereich, mit der die Hauptstadt als erstes Bundesland seine Hausaufgaben machte. Ein Grundproblem besteht darin, dass Notar*innen, deren Provision sich am Preis orientiert, verhältnismäßig wenige Verdachtsfälle gemeldet hatten. Die Taskforce kontrollierte die Notariate und konnte verdächtige Fälle selbst, an diesen vorbei, bei der Aufsichtsbehörde melden. Fälle, die zuvor geflissentlich übersehen wurden. Es kam einiges zusammen. Im ersten Halbjahr ihres Bestehens meldeten sie gleich 80 Verdachtsfälle.[44] Ein Erfolgsmodell. Doch die Große Koalition im Bund leistete sich kurz vor der Bundestagswahl 2021 noch ein Husarenstück: Sie bremste die neu gegründete Berliner Taskforce aus. Mit einer Neufassung des Geldwäschegesetzes wurde ihr diese Praxis faktisch untersagt. Das einzige positive Beispiel der Länder wurde so mit einem Federstreich zunichte gemacht. Ein Schelm, wer Böses dabei denkt. Die Änderung kam auf den letzten Metern der Beratungen unauffällig als Änderungsantrag der Koalition ins Gesetz – und entzog der Taskforce die Rechtsgrundlage. Deutschlands »Standortvorteil« bei Geldwäsche im Immobilienbereich bleibt bestehen – das muss sich schnellstmöglich ändern. Wir sollten nicht nur die Berliner Taskforce auf legale Beine stellen, sondern auch eine bundesweite Taskforce einrichten.

Und eine weitere Idee möchte ich aufgreifen: »Immobilien, deren Käufer sich hinter Tarnfirmen verbergen, sollten so lange in Staatsbesitz übergehen, bis sich der wahre Eigentümer aus der Deckung traut. Investor*innen sollten die Herkunft ihrer Vermögen lückenlos nachweisen müssen, bevor sie den Betrag investieren dürfen. Es kann doch niemand wollen, dass Teile der deutschen Wirtschaft in den Besitz von Kriminellen gelangen.«[45]

X. Organisiert euch! Ohne Druck von unten wird es nichts

Ideen für eine soziale und gerechte Wohnungspolitik sind das eine. Sie durchzusetzen ist das andere. Denn eine herzlose Politik, populäre Mythen und eine starke Lobby verhindern einen Politikwechsel. Das Thema Wohnungspolitik, vor zehn Jahren noch unbedeutend, ist wichtiger geworden. Doch erst der Wahlkampf 2021 hat gezeigt: Mit Versprechungen für Mieter*innen lassen sich Stimmen gewinnen, danach werden die Forderungen schnell wieder unter den Tisch gekehrt. Die Vorschläge sind da, der Ball liegt bei der Politik. Es wird höchste Zeit für eine engagierte Politik für Mieter*innen. Und man muss begreifen, dass Mieter*innen nicht die Melkkühe der Nation sind. Nicht alle Probleme dieser Welt können auf dem Rücken der Mieter*innen gelöst werden.

Neben einer anderen Wohnungspolitik braucht es zum Beispiel auch eine andere Rentenpolitik. Vielleicht ist es kein Zufall, dass Österreich auch das besser macht: Statt die Renten weiter zu privatisieren und dafür zu sorgen, dass sich immer mehr Pensionsfonds auf dem Rücken der Mieter*innen finanzieren, zahlen dort einfach alle in die Rentenkasse ein – auch Beamte und Selbständige. Dann ist auch mehr Geld zum Verteilen da. Wir brauchen auch eine starke Politik für die Fläche. Das Ausbluten ganzer Landstriche, insbesondere in Ostdeutschland, war ein schwerer Fehler. Das können wir nicht von heute auf morgen rückgängig machen, aber gleichwertige Lebensverhältnisse und ein attraktiver ländlicher Raum müssen das Ziel sein. Und wenn die öffentlichen Kassen klamm sind – wie wäre es mit einer Vermögenssteuer, statt öffentlichen Grund höchstbietend zu verscherbeln?

Ohne Druck von unten wird es nicht gehen. Die Entscheider*innen müssen spüren, dass wir da sind. Wenn diese den Ärger mit der Immobilienlobby fürchten – lasst uns dafür sorgen, dass auch die Mieter*innen so laut sind, dass sie nicht länger übergangen werden können. Meine Hoffnung liegt auf einer neuen und immer stärker werdenden Mietenbewegung. Im ganzen Land organisieren sich Menschen in Mieterinitiativen: Vom Bündnis für bezahlbaren Wohnraum Kiel bis zum Mieterverein Bodensee, von Stadt für alle Leipzig zu den Mieterinitiativen Stuttgart, vom Hamburger Netzwerk Recht auf Stadt zu »ausspekuliert« München, vom Mieterforum Ruhr zum Mietentscheid Frankfurt/Main, von der Bürgerinitiative Jena bis Bizim Kiez Berlin, von Dresden bis Köln, von Freiburg bis Greifswald: Im ganzen Land organisieren sich Menschen gegen Mietenwahnsinn und Verdrängung. Sie streiten für bezahlbares Wohnen und ein Recht auf Stadt.

Im April 2019 fand die bisher größte Demonstration »gegen Mietenwahnsinn und Verdrängung« statt. An den Veranstaltungen in diversen Städten nahmen 55 000 Menschen teil. Gemeinsam mit der damaligen linken Bausenatorin Katrin Lompscher war ich in Berlin dabei. Mit 40 000 Teilnehmer*innen allein in der Hauptstadt war das die größte Mieterdemo, die es in der Bunderepublik je gab. Bei vielen Demonstrationen trifft man »die üblichen Verdächtigen«. Hier war es anders. Menschen aus allen Stadtteilen waren da. Mieter*innen der Otto-Suhr-Siedlung in Treptow, »Hände-weg-vom-Wedding«, »Kotti & Co.« und »die rebellischen Senior*innen vom Hansa-Viertel« waren da. Viele waren zum ersten Mal im Leben auf einer Demo. »Wohnen ist keine Ware – stoppt Mietenwahnsinn«, las ich auf Transparenten. Die Unterschriftensammlung für das Volksbegehren »Deutsche Wohnen & Co. enteignen« begann und sammelte an nur einem Tag 15 000 Unterschriften. Auch in anderen Städten gingen Tausende Menschen auf die Straße, machten sich wechselseitig Mut. Berichte vom Protest kamen in den Abendnachrichten.

Und trotzdem ist es nicht genug. Wenn wir ein »egalitäres Bündnis«[46] herstellen wollen, ein Bündnis für mehr Gleichheit und Gerechtigkeit, dann müssen wir mehr werden. Wenn alle, die in den letzten Jahren zwangsgeräumt wurden oder eine Mieterhöhung erhalten haben, mitmachen, müssten die Straßen voll sein. Es müssten sich mehr Menschen organisieren, die bislang geschwiegen haben. Sind Sie schon Mitglied in einem Mieterverein? Die Mietervereine und die Mietenbewegung müssen kampagnenfähiger werden. Das Bündnis Mietenstopp, ein Zusammenschluss von Deutschem Mieterbund und vielen Initiativen ist ein vielversprechender Ansatz. Ich wünsche mir ein stärkeres Engagement der Gewerkschaften – schließlich ist jede Mieterhöhung eine faktische Lohnkürzung. Ob Sozialverbände oder Kirchen, kritische Stadtplaner*innen und Wissenschaftler*innen – sie alle mögen Teil des egalitären Bündnisses sein. Ein hegemoniefähiges Projekt muss schließlich wenigstens Teile der Mittelschichten gewinnen, darf sie zumindest nicht gegen sich aufbringen. Warum nicht Oma Else als Teil von uns begreifen und zum Beispiel unterstützen, wenn ihr Häuschen für das Pflegeheim draufgehen soll? Nur mit einem Mitte-unten-Bündnis können wir die Macht der Fonds und Konzerne brechen. Und wir Politiker*innen? Wir dürfen die Bodenhaftung nicht verlieren. Dafür lohnt es sich, ab und zu mal hinzufahren: Nach Hamburg-Wilhemsburg, in Bremens Neue Vahr oder Berlin-Gropiusstadt. Dort lassen sich eher selten Politiker*innen blicken. Die Wut, die man dort erfährt, muss man aushalten.

Die Party auf den Immobilienmärkten geht weiter: »Mit einem Gesamtinvestitionsvolumen von 113,8 Milliarden Euro verzeichnete der deutsche Immobilienmarkt 2021 ein neues Rekordergebnis«,[47] frohlockte die Branche. Wer wird wohl dafür bezahlen?

Es wird höchste Zeit, sich zu organisieren.

Das Mieten-Manifest

Wohnen wird immer teurer, für viele zum Luxusgut. Fonds und Konzerne spielen Monopoly in unseren Städten. Die Immobilienspekulation spaltet das Land. Wenn wir nicht bald handeln, sehen unsere Städte so aus wie London oder Paris. Das Wohnopoly muss beendet werden.

Zehn gangbare Wege aus der Mietenkrise:

1. Mieten deckeln

Mietpreise per Gesetz zu deckeln, ist in der Geschichte der Bundesrepublik nicht ungewöhnlich. Ein atmender Mietendeckel, der je nach regionalem Wohnungsmarkt die Mieten stoppt oder sogar senkt, schafft Mieter*innen wieder Luft zum Atmen und macht Spekulation unattraktiv. Es gibt kein Recht auf Rendite, aber auf bezahlbares Wohnen!

2. Gemeinnützig statt profitgetrieben

Wohnen ist ein Grundrecht. Mindestens ein Drittel des Wohnungsmarktes muss gemeinnützig, nicht profitgetrieben sein. Wohnungsunternehmen mit günstigen Mieten und geringen Renditen werden mit Steuererleichterungen belohnt. Der Staat spart Wohnkostenzuschüsse und damit bares Geld.

3. Wir kaufen uns die Stadt zurück

Die Massenprivatisierungen haben für Mieter*innen und Staat wenig gebracht und viel gekostet. Kaufen wir uns die Städte zurück! Investitionen in bezahlbare Wohnungen sind gut angelegtes Geld. Dafür brauchen die Städte ein starkes Vorkaufsrecht und finanzielle Hilfe vom Bund.

4. Gemeinsam statt einsam

Genossenschaften sind eine gute Alternative zum Eigenheim: Mit weniger Eigenkapital bieten sie die gleiche Sicherheit, mehr Gemeinschaft und mehr Flexibilität. Also: Let's do it! Vorfahrt für Genossenschaften, nicht für Wohnungskonzerne!

5. Spekulation besteuern

Hinter der Wohnungskrise steht die Spekulation. Ausgerechnet sie wird steuerlich begünstigt. Wer Geld in Fonds und Immobilien versteckt, kann Steuern vermeiden. Konzerne zahlen keine Grunderwerbsteuer, Häuslebauer schon. Ein Anti-Spekulationsgesetz muss Steuerschlupflöcher und Steueroasen schließen. Steuergeschenke für unsittliche Geschäftsmodelle müssen der Vergangenheit angehören.

6. Bodenspekulation begrenzen

Grund und Boden sind nicht vermehrbar. Wer genügend hat, wird durch Abwarten und Nichtstun reich. Eine Bodenwertzuwachssteuer kann die leistungslosen Gewinne abschöpfen und die Preisexplosion stoppen. Sie verschafft den Gemeinden Einnahmen – damit sie ihren eigenen Wohnungsbau finanzieren können.

7. Immobilienbesitz beschränken
Der globale Immobilienhandel treibt die Preise hoch. Doch die hier leben – egal welcher Nationalität – müssen auf dem Wohnungsmarkt Vorrang haben. Lokal vor global, gemeinnützig vor profitorientiert. Dänemark und die Schweiz machen vor, dass es geht!

8. Wohnungen gehören nicht an die Börse
Wohnungen sind zum Wohnen da, nicht zum Spekulieren. Wir brauchen keine börsennotierten Aktiengesellschaften und internationale Fonds auf dem Wohnungsmarkt. Wie werden wir sie wieder los? Das Grundgesetz erlaubt ihre Vergesellschaftung, in Berlin sind fast 60 Prozent dafür. Oder ein Fair-Mieter-Gesetz definiert, wer vermieten darf und wer nicht. Lasst uns Fonds und Konzernen Adieu sagen.

9. Keine Geldwäsche mit Immobilien
Deutschland gilt als Paradies für Geldwäsche. Schmutzigem Geld kann versteckt werden, weil unser Grundbuchwesen nicht transparent ist. Wie andere Länder brauchen wir ein öffentliches Immobilienregister und müssen Bargeldkauf verbieten. Die Kontrolle von Geldwäsche gehört raus aus den Notariaten. Wir brauchen eine unabhängige Task-Force Geldwäsche.

10. Organisiert euch!
Ohne Druck von unten geht es nicht. Entscheider*innen müssen die Mietenbewegung mehr spüren als die Macht der Lobby. Wir müssen mehr werden. Ob Initiativen und Gewerkschaften, Sozialverbände oder Kirchen – kommt zusammen! Nur mit einem Mitte-unten-Bündnis können wir die Macht der Fonds und Konzerne brechen. Es wird höchste Zeit, sich zu organisieren!

Anmerkungen

1 Einleitung

1 Deutscher Bundestag: *Schriftliche Fragen.* Drucksachennummer 20/765, 2022.

2 Statistisches Bundesamt: *Reallöhne im Jahr 2021 um 0,1% gegenüber 2020 gesunken.* Statistisches Bundesamt 2022, online: https://www.destatis.de/DE/Presse/Pressemitteilungen/2022/03/PD22_127_62321.html, abgerufen am 16.05.2022.

3 Holm, Andrej; Regnault, Valentin; Sprengholz, Maximilian; Stephan, Meret: *Die Verfestigung sozialer Wohnversorgungsprobleme.* Hans Böckler Stiftung – Forschungsförderung Working Paper 217, 2021 Düsseldorf, S. 10.

4 Statistisches Bundesamt: *Häuserpreisindex, Preisindex für Bauland: Deutschland, Jahre.* Statistisches Bundesamt, 2022, online unter: https://www-genesis.destatis.de/genesis/online?sequenz=tabelleErgebnis&selectionname=61262-0001#abreadcrumb, abgerufen am 18.05.2022.

5 *Zeit Online: Rekordpreisanstieg bei Wohnimmobilien.* Zeit Online, 2022, online unter: https://www.zeit.de/wirtschaft/2022-03/immobilien-markt-preise-anstieg-rekord, abgerufen am 18.05.2022.

6 Bundesverband deutscher Wohnungs- und Immobilienunternehmen e.V.: *Schwarmstädte – eine Untersuchung zu Umfang, Ursache, Nachhaltigkeit und Folgen der neuen Wanderungsmuster in Deutschland.* Berlin 2015.

7 Statista: *Baufertigstellungen von Wohnungen in Wohn- und Nichtwohngebäuden in Deutschland in den Jahren 2002 bis 2020,* online unter: https://de.statista.com/statistik/daten/studie/39008/umfrage/

baufertigstellungen-von-wohnungen-in-deutschland/, abgerufen am 13.04.2022.

8 Deutscher Bundestag: *Wohnungspolitische Bilanz der Bundesregierung in der 19. Wahlperiode – Antwort der Bundesregierung.* Drucksachennummer 19/27484, 2021.

9 Holm, Andrej; Lebuhn, Henrik; Junker, Stephan; Neitzel, Kevin: *Wie viele und welche Wohnungen fehlen in deutschen Großstädten?* Hans Böckler Stiftung – Forschungsförderung Working Paper 063, 2018, Düsseldorf, S. 82.

10 Bundesinstitut für Bau-, Stadt- und Raumforschung (BBSR): *Wohnungs- und Immobilienmärkte in Deutschland 2020,* Bonn 2021, S. 10.

11 Holm et al., 2021, S. 49.

12 Deutscher Bundestag: *Mieten- und wohnungspolitische Entwicklung in Sachsen – Antwort der Bundesregierung.* Drucksachennummer: 19/27373, 2021.

13 Wem gehört die Stadt: *Leipzig als Ziel von börsennotierten Wohnungsunternehmen und privaten (Klein)anlager:innen,* online unter: https://wemgehoertdiestadt.de/leipzig, abgerufen am 13.04.2022.

2 Das Sündenregister der deutschen Wohnungspolitik

1 *Mitteldeutsche Zeitung: Steigende Mieten: 74 Prozent der Deutschen haben Angst, die Wohnung zu verlieren. Mitteldeutsche Zeitung,* 10.01.2018, online unter: https://www.mz.de/deutschland-und-welt/wirtschaft/steigende-mieten-74-prozent-der-deutschen-haben-angst-die-wohnung-zu-verlieren-3116090, abgerufen am 16.05.2022.

2 Kofner, Stefan, 2003, S. 290.

3 Holm et al., 2021, S. 113.

4 Kofner, Stefan, 2003, S. 251.

5 Presse- und Informationsamt der Bundesregierung: *Der private Hausbesitz soll wieder lebensfähig werden.* In: Bulletin des Presse- und Informationsamtes der Bundesregierung, Nr. 113 vom 23.Juni 1960, Bonn, S. 1123.

6 Alle Angaben nach: Häublein, Martin; Lehmann-Richter, Arnold: *Mieterschutz in der Bundesrepublik Deutschland,* 2009, online unter: https://www.uibk.ac.at/zivilrecht/team/haeublein/mieterschutz_in_deutschland_langversion.pdf, abgerufen am 13.04.2022, S. 4–7.

7 Sonnenschein, Jürgen: *Der Mietvertrag über Wohnraum zwischen Vertragsfreiheit und staatlicher Reglementierung,* in: Deutsche Wohnungswirtschaft Nr. 44/1992, 1992, S. 195.

8 Kofner, Stefan, 2003, S. 287.

9 *Der Spiegel: Ein zweites Wunder.* In: *Der Spiegel* 33/1963, online unter: https://www.spiegel.de/politik/ein-zweites-wunder-a-53659746-0002-0001-0000-000046171473, abgerufen am: 13.04.2022.

10 *DIE ZEIT: Lücke-Plan,* In: *DIE ZEIT* 47/1964, online unter: https://www.zeit.de/1964/47/luecke-plan, abgerufen am: 13.04.2022.

11 *Der Spiegel: Blitz und Donner,* In: *Der Spiegel* 21/1960, online unter: https://www.spiegel.de/politik/blitz-und-donner-a-e5042c43-0002-0001-0000-000043065693, abgerufen am 13.04.2022.

12 *Der Spiegel,* 1963.

13 Kofner, Stefan, 2003, S. 288.

14 *Der Spiegel,* 1963.

15 Deutscher Mieterbund Hannover e.V.: *Historie des DMB,* online unter: https://www.dmb-hannover.de/ueber-uns/historiedesdmb0.html, abgerufen am: 13.04.2022.

16 Häublein, Martin; Lehmann-Richter, Arnold: *Mieterschutz in der Bundesrepublik Deutschland,* 2009, online unter: https://www.uibk.ac.at/zivilrecht/team/haeublein/mieterschutz_in_deutschland_langversion.pdf, abgerufen am 13.04.2022, S. 8.

17 Westdeutscher Rundfunk: *Stichtag – 1. Juni 1923 – Erstes Mieterschutzgesetz wird verkündet,* online unter: https://www1.wdr.de/stichtag/stichtag7565.html, abgerufen am: 13.04.2022.

18 Als Kompromiss wurden ein verbindlicher Mietspiegel sowie eine Regel verhandelt, nach der die Mieten in drei Jahren nicht mehr als 15 Prozent erhöht werden dürften. Diese sogenannte Kappungsgrenze wurde später auch für andere Gebiete mit angespanntem Wohnungsmarkt übernommen.

19 Berliner Mieterverein: *Das Ende der Mietpreisbindung – eine Bilanz.* 20 Jahre danach. In Berliner Mieterverein, *Mieter Magazin* 3/08.

20 *Der Spiegel,* 1960

21 Haus & Grund Rheinland: *Die Geschichte des Rheinischen Verbandes. 100 Jahre Verband Rheinischer Haus-, Wohnungs- und Grundeigentümer.* Düsseldorf, 2015, S. 142.

22 Haus & Grund Rheinland: *Die Geschichte des Rheinischen Verbandes. 100 Jahre Verband Rheinischer Haus-, Wohnungs- und Grundeigentümer.* Düsseldorf, 2015, S. 147 ff.

23 *Der Spiegel*, 1960.

24 *Der Spiegel*, 1963.

25 Deutscher Bundestag: *Plenarprotokoll 18/91, Stenografischer Bericht 91. Sitzung*. 5. März 2015, S. 8595.

26 Deutscher Bundestag: *Schriftliche Fragen*. Drucksachennummer 20/765, 2022, S. 71.

27 *Der Spiegel: Weiß nichts*. In: *Der Spiegel:* 29/1988, online unter: https://www.spiegel.de/wirtschaft/weiss-nichts-a-6a73c9fa-0002-0001-0000-000013529619, abgerufen am 13.04.2022.

28 Sethmann, Jens: *Neue Wohnungsgemeinnützigkeit. Wohnungsunternehmen wollen keine Steuerbefreiung*. In: Berliner Mieterverein, MieterMagazin 8+9/17, online unter: https://www.berliner-mieterverein.de/magazin/online/mm0917/neue-wohnungsgemeinnuetzigkeit-wohnungsunternehmen-wollen-keine-steuerbefreiung-091722.html, abgerufen am: 13.04.2022.

29 Deutscher Bundestag: *Antrag – Die Wohnungsgemeinnützigkeit erhalten und stärken*. Drucksachennummer: 11/1389, 1987.

30 Unabhängige Kommission zur Prüfung der Steuerlichen Regelungen für Gemeinnützige Wohnungs- und Siedlungsunternehmen: *Gutachten der Unabhängigen Kommission zur Prüfung der steuerlichen Regelungen für gemeinnützige Wohnungs- und Siedlungsunternehmen*, Bonn, Schriftenreihe des Bundesministeriums für Finanzen, 1985.

31 Ebd.

32 Kuhnert, Jan; Leps, Olof: *Neue Wohnungsgemeinnützigkeit. Wege zu langfristig preiswertem und zukunftsgerechtem Wohnraum*. Wiesbaden 2017, S. 147.

33 Ebd., S. 149f.

34 Ebd., S. 153.

35 Wiedemeyer, Ute: *Korruption bei Wohnungskonzern. Der Skandal um die Neue Heimat. Der Spiegel*, 23.06.2019, online unter: https://www.spiegel.de/geschichte/neue-heimat-skandal-1982-warum-das-wohnungsbauunternehmen-unterging-a-1273584.html, abgerufen am 13.04.2022.

36 Deutscher Bundestag: *Beschlussempfehlung und Bericht des 3. Untersuchungsausschusses »NEUE HEIMAT« nach Artikel 44 des Grundgesetzes*. Drucksachennummer: 10/6779, 1987, S. 200.

37 Kuhnert, Lebs, 2017, S. 157.

38 Ebd., S. 154.

39 U. a. Kuhnert, Lebs, 2017, S. 6; Seidenspinner, 2018, S. 109.

40 Deutscher Bundestag: *Plenarprotokoll 11/87 – Stenografischer Bericht der 87. Sitzung.* 23. Juni 1988, S. 5882 f., 5889 f.

41 Bundesministerium des Innern, für Bau und Heimat: *Vierter Bericht der Bundesregierung über die Wohnungs- und Immobilienwirtschaft in Deutschland und Wohngeld- und Mietenbericht 2020.* Berlin, 2021, S. 162.

42 Jenkins, Helmut W.: *Die gemeinnützige Wohnungswirtschaft im Widerstreit der Interessen und Meinungen. Eine kommentierte Dokumentation zur Aufhebung des Wohngemeinnützigkeitsgesetzes.* Baden-Baden 2000, S. 109.

43 Kuhnert, Lebs, 2017, S. 162.

44 Wissenschaftlicher Beirat beim Bundesministerium der Finanzen: *Gutachten zur Reform der direkten Steuern,* Schriftenreihe beim Bundesministerium der Finanzen, Heft 9. Bad Godesberg 1967.

45 Bundesministerium der Finanzen: *Gutachten der Steuerreformkommission 1971.* Bonn 1971, S. 393

46 Unabhängige Kommission zur Prüfung der Steuerlichen Regelungen für Gemeinnützige Wohnungs- und Siedlungsunternehmen, 1985, S. 145.

47 Kuhnert, Lebs, 2017, S. 144.

48 Gesamtverband Gemeinnütziger Wohnungsunternehmen e. V.: *Erste Stellungnahme zum Gutachten der Unabhängigen Kommission zur Prüfung der steuerlichen Regelungen für gemeinnützige Wohnungs- und Siedlungsunternehmen.* Köln 1986, S. 17.

49 Kuhnert, Lebs, 2017, S. 163.

50 *Der Spiegel,* 1988.

51 Ein Gesetzentwurf der *CDU*-Fraktion aus dem Jahr 1981 schlug bezeichnenderweise vor, dass die gemeinnützigen Wohnungsunternehmen zukünftig nicht länger die Kostenmiete, sondern die Vergleichsmiete verlangen sollen (Kuhnert, Lebs 2017, S. 137).

52 *Der Spiegel: Doppelt und Dreifach.* In: *Der Spiegel* 33/1988, online unter: https://www.spiegel.de/wirtschaft/doppelt-und-dreifach-a-850c04f1-0002-0001-0000-000013530280, abgerufen am 13.04.2022.

53 Ebd.

54 Ebd.

55 Wild, Reiner: *Gastkommentar – Bankrott sozialer Wohnungspolitik,* In: *taz* vom 7.4.1988, online unter: https://taz.de/G-A-S-T-K-O-

M-M-E-N-T-A-R-Bankrott-sozialer-Wohnungspolitik/!1850819/, abgerufen am 13.04.2022.

56 Herz, Wilfried: *rot-grün – Das größte Geschenk aller Zeiten*. In: *DIE ZEIT*, 08.09.2005, Ausgabe 37/2005.

57 Deutscher Bundestag: *Entwurf eines Gesetzes zur Senkung der Steuersätze und zur Reform der Unternehmensbesteuerung (Steuersenkungsgesetz – StSenkG)*. Drucksachennummer: 14/2683, 2000.

58 2001 kam das »Gesetz zur weiteren Fortentwicklung des Finanzplatzes Deutschland«, mit dem Immobilienfonds die Beteiligung an Grundstückgesellschaften und der Immobilienerwerb erleichtert und der Handel mit Derivaten im Immobiliengeschäft ermöglicht wurde (Anger, Heike: *SPD ringt mit ihrem finanzpolitischen Erbe*. In: *Handelsblatt*, 11.02.2012, online unter: https://www.handelsblatt.com/politik/deutschland/regulierungsdebatte-spd-ringt-mit-ihrem-finanzpolitischen-erbe/6189458.html, abgerufen am 09.05.2022). 2003 schließlich wurden durch das Investmentmodernisierungsgesetz Hedgefonds zugelassen – auch ihre Gewinne sollten steuerfrei sein (Hengsbach, Friedhelm: *Finanzinvestoren in Deutschland – nützlich oder schädlich für wen?*. In: Nell-Breuning-Institut, 2008, online unter: https://nbi.sankt-georgen.de/assets/typo3/redakteure/Dokumente/2008/08finanzinvestorenindeutschland.pdf, abgerufen am 11.05.2022, S. 9).

59 Metzger, Philipp: *Die Finanzialisierung der deutschen Ökonomie am Beispiel des Wohnungsmarktes*. Münster 2020, S. 148.

60 Ebd., S. 160.

61 Holm, Andrej: *Privare heißt rauben. Zur Ökonomie der Wohnungsprivatisierungen*. In: *Z. Zeitschrift Marxistische Erneuerung*. Nr. 83, September 2010, online unter: http://www.zeitschrift-marxistische-erneuerung.de/article/65.privare-heisst-rauben.html, abgerufen am 09.05.2022.

62 Metzger, 2020, S. 143.

63 Seidenspinner, Utta, 2018, S. 105.

64 Die Geschäftsmodelle der Fonds und der Wohnungskonzerne sind dabei nicht deckungsgleich, doch allesamt verachtenswert: Während die Fonds auf Mieterhöhung und Kosteneinsparung im Betrieb setzten, verfolgen die Konzerne entweder die Strategie, durch staatliche Transferleistungen wie Hartz IV eine sichere Einnahme zu generieren oder durch zum Teil sinnlose und überteuerte Modernisierungen die Grenzen des Mietspiegels auszureizen.

65 Metzger, Philipp, 2020, S. 152.
66 Deutscher Bundestag: *Entschließungsantrag zum Steuersenkungsgesetz – StSenkG.* Drucksachennummer 14/3390. 2000. *Union* und *FDP* hingegen kritisierten vor allen Dingen, dass die Befreiung nur für Kapital- und nicht für Personengesellschaften gilt und der Mittelstand dadurch benachteiligt würde.
67 Deutscher Bundestag: *Plenarprotokoll 14/105, Stenografischer Bericht 105. Sitzung.* 18. Mai 2000, S. 9769 ff.
68 Herz, 2005.
69 Deutscher Bundestag: *Plenarprotokoll 14/105, Stenografischer Bericht 105. Sitzung.* 18. Mai 2000, S. 9788.
70 Vonovia: *Wir sind Teil der Lösung. Geschäftsbericht 2021.* 2022, online unter: https://report.vonovia.de/2021/q4/de/, abgerufen am: 14.04.2022.
71 Knorr-Siedow, Thomas: *Weg damit und vergessen. Zur Privatisierung des öffentlichen Wohnungswesens in Deutschland.* in: *Planerin,* 06/2009, S. 23.
72 Ebd., S. 391.
73 Deutscher Bundestag: *Wohnungsverkäufe aus Bundesbesitz – Antwort der Bundesregierung.* Drucksachennummer: 18/3426, 2014, S. 4.
74 Ebd., S. 4, 15 ff. Die Antworten sind unvollständig, weil z. B. in der bundeseigenen Immobilienanstalt bis 2007 keine Statistiken darüber erhoben wurden. Erstaunlich, sind doch Gründlichkeit und Buchführung weltweit als made in Germany bekannt.
75 *Der Spiegel: Sozialdemokraten. Zum Höchstgebot.* In: *Der Spiegel:* 4/2013, online unter: https://www.spiegel.de/politik/zum-hoechstgebot-a-5dfde73c-0002-0001-0000-000090638289, abgerufen am 14.04.2022.
76 Deutscher Bundestag: Öffentlicher Wohnungsbestand in Deutschland und Auswirkungen auf den Wohnungsmarkt – Antwort der Bundesregierung. Drucksachennummer: 20/1802, 2022.
77 *Westdeutsche Zeitung: LEG Verkauf: 93 000 Wohnungen wandern in die Hände eines Immobilienfonds. Westdeutsche Zeitung,* 11. Juni 2008. Online unter: https://www.wz.de/politik/landespolitik/leg-verkauf-93000-wohnungen-wandern-in-die-haende-eines-immobilienfonds_aid-31467765, abgerufen am 14.04.2022.
78 Veser, Jürgen; Thrun, Thomas; Jaedicke, Wolfgang: *Veränderungen der Anbieterstruktur im deutschen Wohnungsmarkt und wohnungspoli-*

tischer Implikationen. Bundesamt für Bauwesen und Raumordnung, Forschungen, Heft 124. Bonn, 2007, S. 13.

79 *Der Spiegel*: BayernLB verkauft 32 000 Mietwohnungen. In: *Der Spiegel,* 08.04.2013, online unter: https://www.spiegel.de/wirtschaft/unternehmen/immobilientochter-der-bayernlb-verkauft-32-000-mietwohnungen-a-893125.html, abgerufen am 09.05.2022.

80 Veser et al., 2007, S. 38.

81 *Handelsblatt*: *LBBW verkauft 21 500 Wohnungen für 1,4 Milliarden Euro.* In: *Handelsblatt,* 13.02.2012, online unter: https://www.handelsblatt.com/finanzen/immobilien/augsburger-patrizia-gewinnt-lbbw-verkauft-21-500-wohnungen-fuer-1-4-milliarden-euro/6206040.html, abgerufen am 11.05.2022.

82 Veser et al., 2007, S. 1.

83 Ebd., S. 1.

84 Deutscher Bundestag, 2014, S. 9 sowie Bundesverband deutscher Wohnungs- und Immobilienunternehmen e. V.: *Anbieterstruktur auf dem deutschen Wohnungsmarkt.* 2019, online unter: https://www.gdw.de/media/2020/07/2019-12-09-anbieterstruktur-wohnungsmarkt.pdf, abgerufen am 16.05.2022.

85 Holm, Andrej: *Institutionelle Anbieter auf deutschen Wohnungsmärkten – neue Strategien der Wohnungsbewirtschaftung.* In: Informationen zur Raumentwicklung, Heft 5/6. 2010, S. 391.

86 Veser et al., 2007, S. 19 f.

87 *Der Tagesspiegel*: *Bundeseisenbahnvermögen: 114 000 Wohnungen verkauft.* In: *Der Tagesspiegel,* 15.12.2000, online unter: https://www.tagesspiegel.de/wirtschaft/bundeseisenbahnvermoegen-114-000-wohnungen-verkauft/186872.html, abgerufen am 09.05.2022.

88 Veser et al., 2007, S. 12.

89 2021 beschloss die Große Koalition im Bund eine Änderung, nach der mindestens zehn Prozent der Anteile beim ursprünglichen Besitzer bleiben müssen, um die Grunderwerbsteuer zu umgehen. Am skandalösen Prinzip an sich änderte sich nichts.

90 So etwa im Bund. Dieser war Ende der 90er-Jahre zum einen hochverschuldet. Im Koalitionsvertrag der ersten rot-grünen Bundesregierung 1998 hieß es etwa: »Der Schuldenstand des Bundes in Höhe von rund 1,5 Billionen DM belastet den laufenden Bundeshaushalt mit Zinsausgaben von rund 90 Milliarden DM. Damit muss der Bund mehr als 26 Prozent seiner gesamten Steuereinnahmen für Zinszahlungen ausgeben« (Sozialdemokratische Par-

tei Deutschlands und *Bündnis 90/Die GRÜNEN: Aufbruch und Erneuerung – Deutschlands Weg ins 21. Jahrhundert.* 20. Oktober 1998, online unter: http://library.fes.de/pdf-files/bibliothek/downl/koalitionsvertrag1998.pdf, abgerufen am 14.04.2022, S. 3).

91 Holm, 2010.

92 Voigtländer, Michael: *Die Privatisierung öffentlicher Wohnungen.* in: *Wirtschaftsdienst* 11/2007, S. 749.

93 Bundesministerium der Justiz: *Gesetz über Altschuldenhilfen für Kommunale Wohnungsunternehmen, Wohnungsgenossenschaften und private Vermieter in dem in Artikel 3 des Einigungsvertrages genannten Gebiet (Altschuldenhilfe-Gesetz),* § 5.

94 Kreditanstalt für Wiederaufbau: *Altschuldenhilfe für ostdeutsche Wohnungsunternehmen.* online unter: https://www.kfw.de/%C3%9Cber-die-KfW/F%C3%B6rderauftrag-und-Geschichte/Altschuldenhilfe-f%C3%BCr-ostdeutsche-Wohnungsunternehmen/, abgerufen am: 14.04.2022.

95 König, Petra: *Privatisierung von Kommunalem Wohneigentum,* Stuttgart-Hohenheim 1999, S. 193.

96 Bundesministerium der Finanzen: *Monatsbericht des BMF. Juli 2002.* online unter: https://www.bundesfinanzministerium.de/Monatsberichte/2001-2016/Inhalte/Monatsbericht-Archiv-Downloads/2002/Monatsbericht_Juli_2002.pdf;jsessionid=823DD715A3AC36A227DA1DD556D013B0.delivery1-replication?__blob=publicationFile&v=4, abgerufen am 14.04.2022, S. 62.

97 Bei meinen Gesprächen mit kommunalen Wohnungsunternehmen begegnet mir heute immer noch die magische Zahl 15 Prozent. War dies die Privatisierungverpflichtung gegenüber dem gesamten kommunalen Wohnungsbestandes mit Stand von 1993, wird das längst ausgelaufene Gesetz heute so interpretiert, dass die Kommune nur 15 Prozent der Wohnungen eines Ortes besitzen dürfte. Diese schräge Wendung des Altschuldenhilfegesesetzes wird sodann als Rechtfertigung für weitere Verkäufe genutzt, wenn auch nur im kleinen Maßstab.

98 Riedel, Ulrich: *Verkauf städtischer Wohnungen: Wer sind die neuen Eigentümer?* In: Freie Presse, 17.09.2021.

99 Holm, Andrej: *Mietenwahnsinn, Warum Wohnen immer teurer wird und wer davon profitiert.* München, 2014, S. 155.

100 Egner, Björn: *Wohnungspolitik seit 1945.* In: Aus Politik und Zeitgeschichte, 05.05.2014, online unter: https://www.bpb.de/shop/zeit

schriften/apuz/183442/wohnungspolitik-seit-1945/, abgerufen am 14.04.2022.

101 Über die Förderprogramme des Sozialen Wohnungsbaus wurden neben den circa 4,3 Millionen sozialen Mietwohnungen auch circa drei Millionen soziale Eigenheime gefördert.

102 Redaktionsnetzwerk Deutschland: *Bezahlbarer Wohnraum: Institut sieht Bedarf für Hunderttausende Sozialwohnungen.* Redaktionsnetzwerk Deutschland, 23.08.2020, online unter: https://www.rnd.de/wirtschaft/bezahlbarer-wohnraum-institut-sieht-bedarf-fur-hunderttausende-sozialwohnungen-4TOTN32PNPXWVLUGB42HFW5LHQ.html, abgerufen am 14.04.2022.

103 Biedenkopf, Kurt H.; Miegel, Meinhard: *Wohnungsbau am Wendepunkt. Wohnungspolitik in der sozialen Marktwirtschaft.* Stuttgart 1978, S. 131 sowie eigene Berechnungen.

104 Deutscher Bundestag: *Entwurf eines Gesetzes zur Reform des Wohnungsbaurechts.* Drucksachennummer 14/5583, 2001, S. 1.

105 Deutscher Bundestag: *Entwurf eines Gesetzes zur Bekämpfung der Wohnungsnot.* Drucksachennummer 11/7356, 1990, S. 2.

106 Egner, Björn; Georgakis, Nikolaos; Heinelt, Hubert; Bartolomäi, Reinhart: *Wohnungspolitik in Deutschland. Positionen, Akteure, Instrumente.* Darmstadt, 2004, S. 61.

107 Deutscher Bundestag: *Plenarprotokoll 16/23, Stenografischer Bericht 23. Sitzung.* 10. März 2006, S. 1769.

108 Voigt, Andreas W.: *Die Sozialwohnung aus Auslaufmodell.* In: *DIE WELT*, 13.01.2013, online unter: https://www.welt.de/print/wams/finanzen/article112730601/Die-Sozialwohnung-als-Auslaufmodell.html, abgerufen am 14.04.2022.

109 Deutscher Bundestag: *Sozialer Wohnungsbau in Deutschland – Entwicklung, Bestand, Perspektive – Antwort der Bundesregierung.* Drucksachennummer: 18/11403, 2017, S. 67.

110 Feiger, Robert: *Kritik an der »Bilanz der Wohnraumoffensive« der Bundesregierung.* Industriegewerkschaft Bauen-Agrar-Umwelt, 23.02.2021, online unter: https://igbau.de/IG-BAU-Statement-zum-Wohngipfel-Kritik-an-der-Bilanz-der-Wohnraumoffensive-der-Bundesregierung.html, abgerufen am 14.04.2022.

111 Deutscher Bundestag: *Entwicklung des Sozialen Wohnungsbaus – Antwort der Bundesregierung.* Drucksachennummer: 20/1824, 2022.

112 Zu umfassender Kritik: Holm, Andrej; Hamann, Ulrike; Kaltenborn, Sandy, 2016: *Die Legende vom Sozialen Wohnungsbau. Berliner Hefte zu Geschichte und Gegenwart der Stadt #2.* Berlin.

113 Zwei weitere Probleme des Sozialen Wohnungsbaus alter Prägung: 1. Ein nicht unerheblicher Teil der Fördersumme fließt in die Förderung von Eigenheimen. In 11 000 Fällen wurde 2020 privates Eigentum mit Mitteln des Bundes für den Sozialen Wohnungsbau gefördert, Mietwohnungen wurden in 31 000 Fällen gefördert. (Deutscher Bundestag: *Schriftliche Fragen.* Drucksachennummer 19/31181, 2021, S. 16 f.). 2. Ein erheblicher Teil der Fördergelder fließt im Kern an Banken, weil es lange Zeit üblich war, die Förderungen als Darlehen oder Zinskostenzuschüsse zu zahlen. Dies ist nicht nur ein ineffektiver Einsatz von Steuergeldern, sondern war auch einer der zentralen Gründe, warum der Neustart im Sozialen Wohnungsbau viele Jahre nicht vorankam. Selbst kommunale Wohnungsbaugesellschaften fragten sich: Warum staatliche Auflagen nach Mietpreis- und Belegungsbindung erfüllen, wenn man angesichts der Niedrigzinspolitik der Europäischen Zentralbank das Geld auch ohne Auflagen vom Markt bekommt? Es hat viele Jahre gedauert, bis in den meisten Ländern von einer Darlehens- zu einer Zuschussförderung umgestiegen wurde.

3 Die Folgen: Deutschland als Eldorado für Spekulation und Paradies für Geldwäsche

1 Mehr dazu bei Holm, Andrej, 2014.

2 Metzger, Philipp, 2020.

3 *Der Spiegel: Lukrativ für Vonovia, bitter für die Mieter.* In: *Der Spiegel*, 21.11.2018, online unter: https://www.spiegel.de/wirtschaft/unternehmen/vonovia-wie-modernisierungen-die-rendite-zu-lasten-der-mieter-sichern-a-1238122.html, abgerufen am 28.04.2022.

4 *Der Spiegel*, 2018.

5 Statista: *Börsennotierte Wohnungsunternehmen in Deutschland nach Wohnungsbestand 2020.* online unter: https://de.statista.com/statistik/daten/studie/185020/umfrage/groesste-boersennotierte-wohnimmobiliengesellschaften/, abgerufen am 09.05.2022.

6 Veser et al., 2007, S. 36 ff.

7 Veser et al., 2007, S. 28.

8 Müller, Sebastian: *Fonds mischen die deutschen Wohnungsunternehmen auf.* In: Mieterecho, Mieterecho 314, Februar 2006.

9 Vonovia: *Wir sind Teil der Lösung. Geschäftsbericht 2021.* 2022, online unter: https://report.vonovia.de/2021/q4/de/, abgerufen am: 14.04.2022.

10 Bundesinstitut für Bau-, Stadt- und Raumforschung (BBSR): *Aktuelle Trends der Wohnungsbautätigkeit in Deutschland – Wer baut wo welche Wohnungen?*. Bonn, 2017, S. 90.

11 Bontrup, Heinz-J.: *Wohnst du noch ...? Immobilienwirtschaft und Mieten kritisch betrachtet.* Hamburg, 2018, S. 75.

12 Auch die Beschäftigten dürften eher zu den Verlierer*innen des Aufstiegs der Wohnungskonzerne gehören. Eine beliebte Sparmaßnahme der Wohnungsriesen besteht darin, Betriebsabläufe zu effektivieren – also Arbeitsplätze abzubauen. Der Wirtschaftswissenschaftler Heinz-Josef Bontrup belegt außerdem eine starke Zunahme von Teilzeitarbeit und geringfügiger Beschäftigung. Die Immobilienbranche erlebt eine Umverteilung zulasten der Beschäftigen – und zugunsten der Kapitaleigner (Bontrup, 2018, S. 62f.).

13 Bontrup, 2018, S. 86.

14 Eigene Berechnung nach Vonovia Geschäftsbericht 2021

15 Bontrup, 2018, S. 102.

16 Thomeczek, Harald: *Rolf Buch verdient 117-mal so viel wie seine Untergebenen.* In: *Immobilienzeitung*, 32, 2008, S. 8.

17 Nur drei weitere Unternehmen zahlen ihren Vorständen mehr als das 100-Fache des Durchschnittsbeschäftigten aus: VW, die Post und Adidas. Bontrup, 2018, S. 102f.

18 Bontrup, 2018, S. 25.

19 Bontrup, 2018, S. 92.

20 First Citiz: *Your Guide to Property Investment in Berlin.* online unter: https://www.firstcitiz.com/buy/investment-property-berlin-germany, abgerufen am 05.03.2022. Eigene Übersetzung.

21 PricewaterhouseCoopers: *Emerging Trends in Real Estate. Europe 2020.* Online unter: https://www.pwc.de/de/real-estate/pwc-emerging-trends-in-real-estate-europe-2020.pdf, abgerufen am 11.05.2022, S. 35.

22 Voigtländer, Michael, 2007, S. 748.

23 Veser et al., 2007, S. 22.

24 Metzger, Philipp, 2020, S. 226.

25 *Der Spiegel: Chinesen kaufen offenbar in großem Stil Wohnungen in Deutschland.* In: *Der Spiegel*, 21.10.2016, online unter: https://www.

spiegel.de/wirtschaft/unternehmen/chinesen-kaufen-in-grossem-stil-wohnungen-in-deutschland-a-1117722.html, abgerufen am 03.05.2022.

26 *Focus: Reiche Russen kaufen massenhaft deutsche Wohnungen – doch keiner soll es wissen.* In: *Focus,* 05.01.2018, online unter: https://www.focus.de/immobilien/kaufen/immobilien-reiche-russen-kaufen-massenhaft-deutsche-wohnungen_id_8233091.html, abgerufen am 03.05.2022.

27 *Der Tagesspiegel: Heimstaden schließt Kauf von 14 000 Wohnungen in Berlin ab.* In: *Der Tagesspiegel,* 02.12.2021, online unter: https://www.tagesspiegel.de/berlin/uebernahme-von-akelius-heimstaden-schliesst-kauf-von-14-000-wohnungen-in-berlin-ab/27854622.html#:~:text=Das%20teilte%20Heimstaden%20am%20Donnerstag,Vermietern%20in%20der%20Hauptstadt%20auf., abgerufen am 03.05.2022.

28 Egner et al., 2004, S. 28 ff.

29 Garcia-Landa, Andrian: *Warum ausländische Pensionsfonds in deutsche Immobilien investieren.* In: Berliner Mieterverein, Mietermagazin 01/2019. online unter: https://www.berliner-mieterverein.de/magazin/online/mm0119/rentenkasse-pfa-aus-daenemark-warum-auslaendische-pensionsfonds-in-deutsche-immobilien-investieren-011922.htm, abgerufen am 28.04.2022.

30 Ebd.

31 Seidenspinner, Utta, 2018, S. 93.

32 Deutsche Wohnen: *Für Menschen. Für Morgen. Geschäftsbericht 2020.* online unter: https://ir.deutsche-wohnen.com/download/companies/dewohnen/Annual%20Reports/DW_Geschaeftsbericht_2020_DE.pdf, abgerufen am 28.04.2022, S. 8.

33 Bundesverband deutscher Wohnungs- und Immobilienunternehmen e. V.: *Anbieterstruktur auf dem deutschen Wohnungsmarkt.* 2019, online unter: https://www.gdw.de/media/2020/07/2019-12-09-anbieterstruktur-wohnungsmarkt.pdf, abgerufen am 16.05.2022.

34 Wem gehört die Stadt: *Halb Berlin gehört wenigen tausend Multimillionär:innen.* online unter: https://wemgehoertdiestadt.de/berlin, abgerufen am 28.04.2022.

35 Franke, Jonathan: *Zunahme des Verkaufsvolumens von Mietwohnungsbeständen im Jahr 2020.* In: BBSR-Analysen Kompakt 07/2021, S. 10.

36 *Der Tagesspiegel: 77 Immobilien beschlagnahmt, bisher alle Beschwerden abgewiesen.* In: *Der Tagesspiegel*, 30.07.2020, online unter: https://www.tagesspiegel.de/berlin/berlins-kampf-gegen-clan-kriminalitaet-77-immobilien-beschlagnahmt-bisher-alle-beschwerden-abgewiesen/26050052.html, abgerufen am: 03.05.2022.

37 Zydra, Markus: *Darum fühlen sich Geldwäscher in Deutschland wohl.* In: *Süddeutsche Zeitung*, 27.10.2019, online unter: https://www.sueddeutsche.de/wirtschaft/geldwaesche-immobilien-deutschland-1.4655801, abgerufen am 03.05.2022.

38 Netzwerk Steuergerechtigkeit: *Financial Secrecy Index 2020. Narrative Report on Germany*. online unter: https://www.netzwerk-steuergerechtigkeit.de/wp-content/uploads/2020/06/Schattenfinanzindex-Deutschland-Deutsch.pdf, abgerufen am 03.05.2022.

39 Zydra, 2019.

40 Transparency International Deutschland e. V.: *Geldwäsche bei Immobilien in Deutschland. Umfang des Problems und Reformbedarf.* Berlin, 2018, S. 21 ff.

41 Seidenspinner, 2018, S. 84.

42 Seidenspinner, 2018, S. 76.

43 Deutscher Bundestag: *Geldwäsche in der deutschen Immobilienbranche. Antwort der Bundesregierung*. Drucksachennummer: 18/8452, 2016, S. 3 ff.

44 Transparency International Deutschland e. V.: *Geldwäsche bei Immobilien in Deutschland. Umfang des Problems und Reformbedarf.* Berlin, 2018, S. 23.

45 Financial Intelligence Unit: *Jahresbericht 2019*. Köln, 2020, S. 17.

46 Transparency International Deutschland e. V.: *Geldwäsche bei Immobilien in Deutschland. Umfang des Problems und Reformbedarf.* Berlin, 2018, S. 32.

47 Netzwerk Steuergerechtigkeit, 2020, S. 5.

48 Deutscher Bundestag: *Geldwäsche im Immobiliensektor – Antwort der Bundesregierung*. Drucksachsennummer: 19/2449, 2018, S. 16.

49 *Der Tagesspiegel: Berliner Task Force überprüft 25 Notare – und findet elf Verdachtsfälle.* In: *Der Tagesspiegel*, 23.07.2020, online unter: https://www.tagesspiegel.de/berlin/kampf-gegen-geldwaesche-berliner-task-force-ueberprueft-25-notare-und-findet-elf-verdachtsfaelle/26030112.html, abgerufen am 03.05.2022.

50 Deutscher Bundestag: *Krisenbewältigung bei der Financial Intelligence Unit – Antwort der Bundesregierung.* Drucksachennummer 19/9326, 2019, S. 2.

51 Zydra, Markus, 2019.

52 Malcher, Ingo: Olaf Scholz und die Geldwäsche – eine glatte Fünf. *DIE ZEIT*, 09.10.2021, online unter: https://www.zeit.de/2021/41/olaf-scholz-geldwaesche-fatf-ermittlung-bundesfinanzministerium, abgerufen am 03.05.2022.

53 Ebd.

54 Seidenspinner, 2018, S. 61.

55 Deutscher Bundestag: *Plenarprotokoll 19/233 – Stenografischer Bericht der 233. Sitzung.* 10. Juni 2021, Seite 30163.

56 Deutscher Bundestag, 2018, S. 12.

57 Niesmann, Andreas: *Geldwäsche-Spezialeinheit FIU: Die Behörde, die Olaf Scholz nichts als Ärger macht.* In: Redaktionsnetzwerk Deutschland, 09.09.2021, online unter: https://www.rnd.de/politik/geldwaesche-paradies-deutschland-spezialeinheit-fiu-die-behoerde-die-olaf-scholz-nichts-als-aerger-IPOIBBBBLJFL5CK2DBHYWXNH5Q.html, abgerufen am 03.05.2022.

58 »Tagesschau«: *Kampf gegen Geldwäsche. Scholz verteidigt Bargeldgeschäfte.* In: »Tagesschau«, 31.07.2019, online unter: https://www.tagesschau.de/inland/interview-olaf-scholz-geldwaesche-101.html, abgerufen am: 03.05.2022.

59 Deutscher Bundestag, 2016, S. 10.

60 Bundesverfassungsgericht: *1 BvR 169/63*, 12.01.1967.

61 Fischer, Rainer: *Immobilienpreise 2022 für München – alle Stadtteile & Umlandgemeinden.* online unter: https://www.fischer-immobilien-muenchen.de/immobilienpreise/, abgerufen am 03.05.2022.

62 Vogel, Hans-Jochen: *Die verdrängte Herausforderung der steigenden Baulandpreise.* In: *Süddeutsche Zeitung*, 10.11.2017, online unter: https://www.sueddeutsche.de/muenchen/wohnen-die-verdraengte-herausforderung-der-steigenden-baulandpreise-1.3744678?reduced=true, abgerufen am: 03.05.2022.

63 Ebd.

64 »Tagesschau«: *Baulandpreise steigen auf Rekordniveau – Starker Anstieg 2020.* In: »Tagesschau«, 26.08.2021, online unter: https://www.tagesschau.de/wirtschaft/konjunktur/bauland-preise-2020-101.html, abgerufen am 03.05.2022.

65 Knoll, Katharina; Schularick, Moritz; Steger, Thomas: *No Price like Home: Global House Prices, 1870-2012.* In: American Economic Review, Vol. 102, No. 2, 2017, S. 331.

66 Vogel wollte einen »geläuterten Eigentumsbegriff« einführen: Den Besitzer*innen innerstädtischer Grundstücke sollte z. B. lediglich ein Nutzungsrecht für ihre Grundstücke bleiben, das »Verfügungsrecht« sollte an die Stadt gehen. Sie allein hätte bestimmen sollen, wo es lang geht. Es sollte jedoch eine Entschädigung geben – immerhin (Vogel, Hans-Jochen 2017).

67 *Der Spiegel*: *Glundstückslefolm ist ein altel Zopf.* In: *Der Spiegel* 29/1975, online unter: https://www.spiegel.de/politik/glundstueckslefolm-ist-ein-altel-zopf-a-4b00584a-0002-0001-0000-000041471435, abgerufen am 03.05.2022.

68 *Der Spiegel*: *Letzter Hebel.* In: *Der Spiegel* 29/1971, online unter: https://www.spiegel.de/politik/letzter-hebel-a-99a1fa18-0002-0001-0000-000043176777, abgerufen am 03.05.2022.

69 *Der Spiegel*: *Fürchterlich kompliziert.* In: *Der Spiegel* 32/1971, online unter: https://www.spiegel.de/wirtschaft/fuerchterlich-kompliziert-a-bc367a66-0002-0001-0000-000043144710, abgerufen am 03.05.2022.

70 Vorstand der *SPD*, 1973, S. 972.

71 *DIE ZEIT*: *Bodenrecht – Ende einer Reform.* In: *DIE ZEIT* 09/1976, online unter: https://www.zeit.de/1976/09/ende-einer-reform, abgerufen am 03.05.2022.

72 Vogel, Hans-Jochen: *Mehr Gerechtigkeit. Wir brauchen eine neue Bodenordnung – nur dann wird auch Wohnen wieder bezahlbar.* Freiburg, 2019.

73 Zu nennen wäre hier beispielsweise die Münchner Initiative für ein soziales Bodenrecht, die Studien und Konzepte des DIFU-Instituts, die Initiative »Immovilien« oder der Community-Land-Trust in Berlin Kreuzberg. Zu Recht berühmt ist die Liegenschaftspolitik der Stadt Ulm. Auch die Neue Bodeninitiative aus Basel bereichert die Debatte. Ich selbst habe mich mit Forderungen zum Thema »Bauland in Gemeinschaftshand« in die Debatte eingebracht (Lay, Caren: *Bauland in Gemeinschaftshand – 10-Punkte-Plan für eine soziale Bodenpolitik.* In: Linksfraktion, 02.07.2019, online unter: https://www.linksfraktion.de/themen/positionspapiere/detail/bauland-in-gemeinschaftshand-10-punkte-plan-fuer-eine-soziale-bodenpolitik/, abgerufen am 03.05.2022.)

74 Hagelüken, Alexander: *Immobilienboom spaltet Deutschland in Arm und Reich.* In: *Süddeutsche Zeitung,* 19.06.2019, online unter: https://www.sueddeutsche.de/wirtschaft/soziale-ungleichheit-immobilienboom-spaltet-deutschland-in-arm-und-reich-1.4490831, abgerufen am 03.05.2022.

75 Piketty schreibt: »Die aus der Vergangenheit stammenden Reichtümer vermehren sich ohne Arbeit schneller als die Reichtümer, die durch Arbeit geschaffen und angespart werden können. Fast zwangsläufig verleiht das in der Vergangenheit entstandenem Ungleichgewicht und damit der Erbschaft ein dauerhaftes Übergewicht.« (Piketty, Thomas: *Das Kapital im 21.* Jahrhundert. München, 2014, S. 502).

76 Piketty, Thomas: *Capital in the 21st century.* Paris School of Economics, März 2014, online unter: http://piketty.pse.ens.fr/files/Piketty2014Capital21c.pdf, abgerufen am 03.05.2022, S. 34ff.

77 Clamor, Tim, Henger, Ralph: *Verteilung des Immobilienvermögens in Deutschland.* In: IW Trends 1/2013, S. 12.

78 Baldenius, Till; Kohl, Sebastian; Schularick, Moritz: *Die neue Wohnungsfrage. Gewinner und Verlierer des deutschen Immobilienbooms.* In: Leviathan, 2/2020, S. 195-236.

79 Ebd.

80 Trautvetter, Christoph: *Wem gehört die Stadt? Analyse der Eigentümergruppen und ihrer Geschäftspraktiken auf dem Berliner Immobilienmarkt.* Rosa-Luxemburg-Stiftung, Studien, Berlin, 2020, S. 11.

81 Ebd.

82 Zu diesem Vermögensaufbau hat zum Teil sogar die beschriebene und problematische Ausgestaltung der Förderung des Sozialen Wohnungsbaus zu tun, die wenig nachhaltig für Mieter*innen ist, aber den privaten Eigentümer*innen ordentliche Einkünfte bereitete. *Der Spiegel* wusste schon 1963 zu berichten: »Die Eigentümer der 2,75 Millionen öffentlich geförderten Neubauwohnungen kassierten außer den staatlich fixierten Sozialmieten Subventionen von Bund und Ländern. Überdies konnten sie einen großen Teil ihrer Baukosten bei der Steuerveranlagung absetzen. ... Sie diktierten Spitzenmieten bis zu sechs Mark je Quadratmeter und verlangten horrende Baukostenzuschüsse. Viele der westdeutschen Vermögensmillionäre sind Bau-Millionäre, denen ihre Mieter notgedrungen die Taschen füllten.« (*Der Spiegel* 1963) Das ist der sog. »Baufilz«, der insbesondere in Berlin von sich reden machte.

In anderen Städten ist vom »Klüngel« die Rede. Immer geht es darum, dass Politik und Baulobby sehr eng, zum Teil zu eng zusammengearbeitet haben.

83 Trautvetter, Christoph, 2020, S. 8.

84 Deutscher Bundestag: *Schriftliche Fragen.* Drucksachennummer 19/32251, 2021, S. 49 f.

85 Universität Bonn: Deutschland: *Immer reicher, immer ungleicher.* 12.03.2020, online unter: https://www.uni-bonn.de/de/neues/058-2020, abgerufen am 03.05.2022.

4 Die Macht der Lobby – warum sich am Mietenwahnsinn nichts ändert

1 Statistisches Bundesamt: *Von Eigentümern bewohnte Wohnungen (Eigentümerquote) 2018.* Statistisches Bundesamt, 2022, online: https://www.destatis.de/DE/Themen/Gesellschaft-Umwelt/Wohnen/_Grafik/_Interaktiv/eigentuemerquote.html, abgerufen am 05.05.2022.

2 Deutscher Bundestag: *Datenhandbuch zur Geschichte des Deutschen Bundestags. Kapitel 3.9 Schul- und Hochschulbildung.* In: Deutscher Bundestag, 2015, online unter: https://www.bundestag.de/datenhandbuch, abgerufen am 05.05.2022.

3 Jaedicke; Wollmann, 1990, S. 206.

4 Piketty, Thomas: *Kapital und Ideologie.* München, 2020, S. 925.

5 Egner et al., 2004, S. 28.

6 Deutscher Bundestag: *Plenarprotokoll 18/161 – Stenografischer Bericht der 161. Sitzung.* 17. März 2016, S. 15826 f.

7 Seidenspinner, Utta, 2018, S. 114. Gegen diese Theorie spricht allerdings, dass die *PDS*-Fraktion einen Entschließungsantrag zum Gesetz gestellt hatte, in dem die üppigen Steuergeschenke in Frage gestellt wurden. Vielleicht nicht für das Gros der Abgeordneten, aber doch für die Finanzexperten lag der Finger in der Wunde. (Vgl. Deutscher Bundestag: *Entschließungsantrag zum Steuersenkungsgesetz – StSenkG.* Drucksachennummer 14/3390, 2000.)

8 Hengsbach, 2008, S. 9.

9 Anger, 2012.

10 Seidenspinner, 2018, S. 112.

11 Piketty, Thomas, 2020, S. 901.

12 NDR: *Mietenspiegel 2021: Mietpreise in Hamburg deutlich gestiegen.* Online: https://www.ndr.de/nachrichten/hamburg/Mietenspiegel-

2021-Mietpreise-in-Hamburg-deutlich-gestiegen,mietenspiegel152.html, abgerufen am 18.05.2022.

13 Abgeordnetenhaus Berlin: *Plenarprotokoll 15/89 – 89. Sitzung*, 31. August 2006, S. 7752.

14 Wolf, Harald: *Rot-Rot in Berlin. 2002 bis 2011: eine (selbst)-kritische Bilanz*. Hamburg, 2016, S. 267.

15 Abgeordnetenhaus Berlin: *Plenarprotokoll 15/53 – 53. Sitzung*. 17. Juni 2004, S. 4493.

16 Wolf, 2016, S. 267 ff.

17 Es ist bemerkenswert, dass kein Abgeordneter der *PDS*-Fraktion eine andere Haltung vertrat. Während sich der linke *SPD*-Abgeordnete Hans-Georg Lorenz in einer persönlichen Erklärung gegen den Verkauf aussprach, gab es aus den Reihen der *PDS* keinen Mucks. Es fehlte bei dieser und auch bei vielen anderen Privatisierungen im ganzen Land an starken und eigenständigen Abgeordneten, die den Mut hatten, eine andere kritische Auffassung als ihre Regierung zu vertreten und für ihre Position selbstbewusst zu kämpfen.

18 König, Petra, 1999, S. 182.

19 *Der Tagesspiegel: Linkspartei zankt um Privatisierung*. In: *Der Tagesspiegel*, 10.07.2006, online unter: https://www.tagesspiegel.de/politik/linkspartei-zankt-um-privatisierung/729456.html, abgerufen am 05.05.2022.

20 *Fokus*, 2018; *Der Spiegel*, 2016.

21 Schmidt, Florian: *Wir holen uns die Stadt zurück. Wie wir uns gegen Mietenwahnsinn und Bodenspekulation wehren können*. Berlin, 2021, S. 88.

22 Deutscher Bundestag: *Beschlussempfehlung und Bericht des Finanzausschusses*. Drucksachennummer: 16/4779, 2007, S. 1.

23 Piketty, Thomas, 2020, S. 904.

24 Metzger, 2020, S. 125.

25 Statistisches Bundesamt, 2022.

26 Metzger, Philipp, 2020, S. 125.

27 Der Soziologe Pierre Bourdieu untersuchte den Eigenheimboom in Frankreich und stellte fest, es ginge im Wesentlichen darum, »den Herstellern von Häusern einen Markt zu eröffnen, dabei an ihren Besitz gekettete Eigentümer zu produzieren« (Bourdieu, Pierre: *Der Einzige und sein Eigenheim*. Hamburg, 1998, S. 181). Das Eigentum hätte die Besitzer*innen konservativ gemacht. Die Öko-

nomin Grace Blakeley zeichnet in ihrem Buch *Stolen* nach, wie es den britischen Konservativen und Thatcher gelang, mit einer Politik für das Eigenheim Arbeiter*innen bis heute an die Konservativen zu binden (Blakeley, Grace: *Stolen. So retten wir die Welt vor dem Finanzkapitalismus*. Berlin 2021, S. 126 ff.).

28 Wolffsohn, Rita; Wolffsohn, Michael: *Nie wieder Platte. Die Berliner Wohnungsnot darf nicht zum Bau neuer Brennpunkte führen*. In: *Der Tagesspiegel*, 30.01.2022, online unter: https://plus.tagesspiegel.de/berlin/nie-wieder-platte-die-wohnungsnot-in-berlin-darf-nicht-zum-bau-neuer-brennpunkte-fuhren-376897.html, abgerufen am 16.05.2022.

29 Staek, Klaus: *Die ersten Plakatanschläge*. online unter: https://klaus-staeck.de/die-ersten-plakatanschlaege/, abgerufen am 09.05.2022.

30 Kersting, Silke: *»Sinnloses sozialistisches Prestigeprojekt« – Immobilienwirtschaft kritisiert Berliner Enteignungsdebatte*. In: *Handelsblatt*, 27.06.2021, online unter: https://www.handelsblatt.com/politik/deutschland/wohnungspolitik-sinnloses-sozialistisches-prestigeprojekt-immobilienwirtschaft-kritisiert-berliner-enteignungsdebatte/27367426.html, abgerufen am 09.05.2022.

31 Sayram, Iris: *Das erfolgreichste Volksbegehren aller Zeiten – und seine Tücken*. In: rbb24, 25.06.2021, online unter: https://www.rbb24.de/politik/wahl/volksentscheid-wohnen/beitraege/analyse-initiative-deutsche-wohnen-co-enteignen-volksentscheid-berlin.html, abgerufen am 09.05.2022.

32 *Der Spiegel*, 1963.

33 Kofner, Stefan, 2003, S. 290.

34 Piketty, Thomas, 2020, S. 953.

35 Gesamtverband Gemeinnütziger Wohnungsunternehmen e. V.: *Integrieren statt Einweisen. Wohnungsversorgung besonderer Personengruppen durch gemeinnützige Wohnungsunternehmen*. Köln, 1983, S. 6 f.

36 Unabhängige Kommission zur Prüfung der Steuerlichen Regelungen für Gemeinnützige Wohnungs- und Siedlungsunternehmen, 1985, S. 84.

37 Ebd., S. 106 ff.

38 Vorstand der *SPD*: *Parteitag der Sozialdemokratischen Partei Deutschlands 1973, Band 1, Protokoll der Verhandlungen*. Hannover, 1973, S. 972.

39 Bontrup, 2018, S. 60 f.

40 Eine Auswertung auf Grundlage des Lobbyregisters beim Deutschen Bundestag, unter: lobbyregsiter.bundestag.de, abgerufen am 09.04.2022 (aktualisiert am 12.07.2022). Die Auswahl erfolgte nach dem Kriterium, ob Wohnungs- und Baupolitik erkennbar den Schwerpunkt der Interessenvertretung darstellt. Nicht aufgenommen wurden die Interessenvertretungen der Bauwirtschaft, Gesellschaften mit Schwerpunkt Energie, Klima und Gebäudeenergie, Genossenschaftsverbände, Banken und Bausparkassen, diverse Berufsverbände (Architektur, Stadtplanung, Geodäsie, Jurist*innen, Ingenieurwesen), Genossenschaftsverbände, PR-Agenturen, Einzelpersonen, kirchliche Träger, sehr kleine Gesellschaften und Dachorganisationen ohne Personal und Finanzen. Eine vollständige Übersicht aller rund 120 Lobbyorganisationen, die den Bereich »Immobilien« angeben, würde das Ungleichgewicht zwischen Immobilienwirtschaft und Mietenseite gewiss weiter unterstreichen. Eine tabellarische Übersicht findet sich auf meiner Homepage: https://www.caren-lay.de/Lobbyregister.

41 Ich erlaube mir die Bemerkung, dass es sich bei den vom Verband der Wohnungslosen nach Selbstauskunft eingetragenen sieben Mitarbeiter*innen um einen Fehler oder ein Missverständnis handeln muss. Bei einem Budget von 1 bis 10 000 Euro passen beide Angaben nicht zusammen, das deckt sich auch nicht mit meiner Erfahrung.

42 Wirtschaftsrat Deutschland: *Mietrechtsreform in Deutschland: Wirtschaftlichkeitsgebot konsequent stärken, Sanierung effizient fördern, Mietpreisspiegel rechtssicher umsetzen.* Online unter: https://www.wirtschaftsrat.de/wirtschaftsrat.nsf/id/E5DCF2ED4CDA9937C12577DD0049EA21/$file/Positionspapier%20Mietrechtsreform.pdf, abgerufen am 09.05.2022.

43 Deutscher Bundestag: *Wirtschaftsforum der SPD e. V.* In: Deutscher Bundestag, Lobbyregister, 07.02.2022, online unter: https://www.lobbyregister.bundestag.de, abgerufen am 09.05.2022.

44 Ein Vertreter des liberalen Mittelstandes hat ständiges Gastrecht im Parteivorstand der *FDP*. Eine ähnliche Regelung gibt es bei der *CDU*. Von der Organisation lobbycontrol wird das zu Recht kritisiert (Deckwirth, Christina: Rechtswidrig: *Auch bei der FDP sitzt ein Lobbyverband im Vorstand.* In: Lobbycontrol, 26.03.2022, online unter: https://www.lobbycontrol.de/2022/03/lobbyverband-im-fdp-vorstand/, abgerufen am 09.05.2022.)

45 Diese und alle nachfolgenden Angaben aus: Deutscher Bundestag: *Schriftliche Fragen*. Drucksachennummer 19/32692, 2021, S. 17ff.

46 *Wirtschaftswoche: Der Volksvermieter.* In: *Wirtschaftswoche*, 28.05.2021, Nr. 22/2021, S. 20.

47 Deutscher Bundestag: *Schriftliche Fragen*. Drucksachennummer 19/32251, 2021, S. 49f. Es handelt sich um die Zahl der tatsächlich vollstreckten Zwangsräumungen, ohne die Länder Hamburg und Schleswig-Holstein. Die Zahl der Zwangsvollstreckungsaufträge dürfte noch wesentlich höher gewesen sein, denn die lag in den vergangenen Jahren jährlich immer über 50000.

48 Deutscher Bundestag: *Einfluss der Wohnungsbau- und Immobilien-Lobby auf die Bundesregierung – Antwort der Bundesregierung*. Drucksachennummer 19/1919, 2018, S. 4ff.

49 Bode, Thilo; Pink, Katja: *Die Finanzkrise als Demokratiekrise. Der Staat als Dienstleister des Finanzkapitals*. In: *Blätter für deutsche und internationale Politik*. 06/2010, S. 50.

50 Metzger, 2020, S 165.

51 Bode, Thilo; Pink, Katja: *Die Finanzkrise als Demokratiekrise. Der Staat als Dienstleister des Finanzkapitals*. In: *Blätter für deutsche und internationale Politik*. 06/2010, S. 48.

52 Dill, Alexander: *Das plötzliche Verschwinden der Initiative Finanzstandort Deutschland*. In: *Telepolis*, 07.07.2011, online unter: https://www.heise.de/tp/features/Das-ploetzliche-Verschwinden-der-Initiative-Finanzstandort-Deutschland-3503349.html, abgerufen am 11.05.2022.

53 Zentraler Immobilien Ausschuss: *Pressemitteilung: Geschlossenes Sondervermögen stärkt deutschen Fondsstandort*. 03.12.2020, online unter: https://zia-deutschland.de/wp-content/uploads/2021/05/201203_PM_ZIA_Fondsstandortgesetz.pdf, abgerufen am 17.05.2022.

54 *BZ Berlin: Baulöwe Groth finanziert den Wahlkampf von Bausenator Geisel*. In: *BZ Berlin*, online unter: https://www.bz-berlin.de/archiv-artikel/bauloewe-finanziert-den-wahlkampf-von-bausenator-geisel, abgerufen am 16.05.2022.

55 Auswertet wurden die Daten aus der Partei-Spenden-Datenbank von Lobbycontrol. Sie umfasst die Spenden aus den Rechenschaftsberichten der Parteien von 2000 bis 2018. Außerdem enthält sie die angezeigten Großspenden über 50000 Euro für die Jahre 2019 bis 2022. Die Daten wurden mittels einer Abfrage der Schlagworte »Immobilien, Wohnen, Bau« zusammengetragen. Zusätzlich wur-

den aus Zeitungsartikeln bekannte Immobilienunternehmer, wie beispielsweise Christoph Gröner, in die Abfrage einbezogen.
Berücksichtigt wurden dabei alle Unternehmen im Immobilien- und Wohnungsbausektor. Nicht berücksichtigt wurden Unternehmen, deren Hauptgeschäftsfeld im Tiefbau liegt. Ebenso wurden Unternehmen mit dem Schwerpunkt Baumaterialien und Logistik sowie Bausparkassen exkludiert. Es handelt sich somit um eine eher konservative Herangehensweise. Die verwendeten Daten umfassen 137 Spenden von 58 Unternehmen und Privatpersonen. Nicht berücksichtigt wurden 21 Spenden. Eine ausführliche Tabelle zu den Angaben ist auf meiner Homepage zu finden: https://www.caren-lay.de/de/article/1706.%C3%BCbersicht-spenden-nach-parteien-und-gr%C3%B6%C3%9Fte-geldgeber.html.

56 Šustr, Nicolas: *Unrunde Summen, ungutes Gefühl*. In: *Neues Deutschland*, 20.12.2021, online unter: https://www.nd-aktuell.de/artikel/1012264.unrunde-summen-ungutes-gefuehl.html, abgerufen am 11.05.2022.

57 Röbel, Sven: *Neue Spur zu Milliardär Conle*. In: *Spiegel*, 11.05.2020, online unter: https://www.spiegel.de/politik/deutschland/afd-spendenaffaere-neue-spur-zu-milliardaer-conle-a-6b7fe350-faac-4270-9ffe-5ee185f7af56, abgerufen am 11.05.2022.

58 *Bündnis 90/Die Grünen: Aussteller und Sponsoren Bundesdelegiertenkonferenz in Bielefeld 2019*. 2019, online unter: https://cms.gruene.de/uploads/documents/Transparenz-Bundesdelegiertenkonferenz-in-Bielefeld-15.-17.-November-2019.pdf, abgerufen am 22.04.2022.

59 Schütze, Elmar: *Ramona Pops Ex-Staatssekretär wird Immobilien-Lobbyist bei Vonovia*. In: *Berliner Zeitung*, 06.04.2022, online unter: https://www.berliner-zeitung.de/mensch-metropole/berliner-ex-staatssekretaer-wechselt-zum-immobilienriesen-vonovia-li.221010, abgerufen am 09.05.2022.

60 *Manager Magazin: Ronald Pofalla wechselt in die Immobilienbranche*. In: *Manager Magazin*, 20.04.2022, online unter: https://www.manager-magazin.de/unternehmen/ronald-pofalla-wechselt-in-die-immobilienbranche-a-62c50c86-afc1-4b54-b763-b76ffe32fe65, abgerufen am 09.05.2022.

61 Holm, 2014, S. 177.

62 Lobbypedia: *Seitenwechsler in Deutschland im Überblick*. In: Lobbypedia by Lobyycontrol, online unter: https://lobbypedia.de/wiki/

Seitenwechsler_in_Deutschland_im_%C3%9Cberblick, abgerufen am 09.05.2022.

63 Holm, 2014, S. 178.

64 Rada, Uwe: *SPD wieder tief im Bausumpf.* In: *taz*, 28.01.2010, online unter: https://taz.de/Sanierung-oeffentlicher-Wohnungen/!5148572/, abgerufen am 09.05.2022.

65 Holm, 2014, S. 178.

66 Metzger, 2020, S. 149.

67 Metzger, 2020, S. 159.

68 Verband Berlin-Brandenburgischer Wohnungsunternehmen e.V.: *Berliner ehemalige Justizsenatorin Gisela von der Aue im Aufrichtsrat der GSW.* In: BBU, 04.07.2012, online unter: https://bbu.de/nachricht/37557, abgerufen am 09.05.2022.

69 Metzger, 2020, S. 185.

70 *Immobilien Zeitung: Sachsen Treuhand erweitert Geschäftsführung.* In: *Immobilien Zeitung*, 22.06.2005.

71 Alexe, Thilo: *SPD fordert Ostrowskis Rücktritt.* In: *Sächsische Zeitung*, 09.02.2008, online unter: https://www.saechsische.de/plus/spdfordertostrowskisruecktritt-2021368.html, abgerufen am 09.05.2022.

72 Deutscher Bundestag: *Plenarprotokoll 14/105, Stenografischer Bericht 105. Sitzung.* 18.Mai 2000, S. 9769ff.

73 Jaedicke; Wollmann, 1990, S. 220.

74 Deutscher Bundestag, 2014, S. 4.

75 Cioffi, John W.; Höpner, Martin: *The Political Paradox of Finance Capitalism: Interests, Preferences, and Center-Left Party Politics in Corporate Governance Reform.* In: *Politics & Society*, Vol. 34, 2006, S. 464.

5 Die Spielregeln ändern – Alternativen für bezahlbare Mieten

1 In der ersten Stufe des Deckels durften ab 18. Juni 2019 die Mieten nicht mehr erhöht werden. Ab der zweiten Stufe, nach Inkrafttreten des Mietendeckelgesetzes am 23. Februar 2020, galten Mietobergrenzen – auch bei Neuvermietungen. Ab der dritten Stufe ab 23. November 2020 konnten zu hohe Mieten (20 Prozent über den Obergrenzen) auch abgesenkt werden. (Land Berlin: *Gesetz zur Mietenbegrenzung im Wohnungswesen in Berlin.*) 11.02.2020, online unter: https://gesetze.berlin.de/bsbe/document/jlr-MietBegrGBErahmen, abgerufen am 10.05.2022.)

2 Selbst die Studien der Mietendeckelgegner mussten die Senkung der Mieten konstatieren. So stellte das IW Köln eine Senkung der Angebotsmieten um über 10,3 Prozent fest (Sagner, Pekka; Voigtländer, Michael: *Auswirkungen des Berliner Mietendeckels auf private Vermieter.* In: IW-Trends, 3/2021, 20.08.2021, S. 54).

3 Sagner; Voigtländer, 2021, S. 54f.

4 Sethmann, Jens: *Gedeckelt wird überall auf der Welt.* In: *Berliner Mieterverein, Mietermagazin,* 2020, online unter: https://www.berliner-mieterverein.de/magazin/online/mm0120/mietendeckel-und-staatliche-mietbegrenzungen-gibt-es-ueberall-auf-der-welt-012020.htm, abgerufen am 10.05.2022.

5 Kholodilin, Konstantin A.; Kohl, Sebastian: *Mietpreisregulierung kann ökonomische Ungleichheit senken, hat aber einen Preis.* In: Deutsches Institut für Wirtschaftsforschung, DIW Wochenbericht, 12/2022, S. 195.

6 Alle Angaben: Holm, Andrej; Raabe, Benjamin: *Bundesweiter Mietendeckel. Regelungsmöglichkeiten und Beitrag für eine soziale Wohnraumversorgung.* Berlin, 2021.

7 Sagner; Voigtländer, 2021, S. 61f.

8 Holm; Raabe, 2021, S. 1f.

9 Holm, 2014, S. 189.

10 Stadt Wien: *Voraussetzungen für eine geförderte Mietwohnung oder Genossenschaftswohnung.* 2022, online unter: https://www.wien.gv.at/wohnen/wohnbaufoerderung/wohnungssuche/voraussetzungen-miete.html, abgerufen am 10.05.2022.

11 Bundesverband deutscher Wohnungs- und Immobilienunternehmen e. V.: *Neue Wohnungsgemeinnützigkeit – Gut gemeint ist nicht immer gut gemacht.* GdW kompakt, Berlin, 2016.

12 a3BAU: Österreichische Wohnungsgemeinnützigkeit im Fokus. 16.12.2020, online unter: https://a3bau.at/oesterreichische-wohnungsgemeinnuetzigkeit-im-fokus, abgerufen am 16.05.2022.

13 Kuhn, Armin; Lay, Caren: *Keine soziale Wohnungspolitik ohne Neubau.* In: Luxemburg Standpunkte, 2/2019, Berlin, 2019.

14 Deutscher Verband für Wohnungswesen, Städtebau und Raumordnung e. V.: *Wirtschaftsfaktor Immobilien 2013. Gesamtwirtschaftliche Bedeutung der Immobilienwirtschaft.* Berlin, 2013, S. 8.

15 Deutscher Bundestag: *Wohngeld und Mietenbericht 2018.* Drucksachennummer 19/11750, 2019, S. 12.

16 Handlungsempfehlungen der Koalition aus *CDU/FDP* sowie die der opponierenden *SPD* und der *Grünen* finden sich in: Deutscher Bundestag, 1987a, S. 339 ff.

17 Eigene Berechnung nach: Bundesverband deutscher Wohnungs- und Immobilienunternehmen e. V.: *Genossenschaften*. Online unter: https://www.gdw.de/der-gdw/unternehmenssparten/genossen schaften/, abgerufen am 10.05.2022.

18 Fröhlich, Alexander: *Kosten des Vorkaufsrechts. In Berlin wurden 530 Millionen für 2674 Wohnungen gezahlt.* In: *Tagesspiegel*, 10.12.2021, online unter: https://plus.tagesspiegel.de/berlin/kos ten-des-vorkaufsrechts-in-berlin-wurden-530-millionen-euro-fur-2674-wohnungen-gezahlt-330820.html, abgerufen am 10.05.2022.

19 Senatsverwaltung für Finanzen Berlin: *Wohnungsbau*. Online unter: https://www.berlin.de/sen/finanzen/vermoegen/liegenschaften/wohnungsankauf/artikel.1127379.php, abgerufen am 10.05.2022.

20 Greive, Martin; Streit, Matthias: *Wie der Staat zum Bauherrn wird.* In: *Handelsblatt*, 08.02.2020, online unter: https://www.handels blatt.com/finanzen/immobilien/wohnungsmarkt-wie-der-staat-zum-bauherr-wird/25519422.html, abgerufen am 11.05.2022.

21 Deutscher Bundestag: *Schriftliche Fragen*. Drucksachennummer 20/1402, 2022, S. 14 f.

22 Dullien, Sebastian; Krebs, Tom: *Wege aus der Wohnungskrise. Vorschlag für eine Bundesinitiative »Zukunft Wohnen«*. IMK Report 156, Düsseldorf, 2020.

23 Bundesverwaltungsgericht: *Vorkaufsrecht im Geltungsbereich einer Erhaltungssatzung*. Urteil vom 09.11.2021, BVerwG 4 C 1.20, 2021.

24 Bundesrat: *Empfehlungen der Ausschüsse*. Drucksachennummer 686/1/20. 2020, S. 15.

25 Eigene Berechnung nach: Bundesverband deutscher Wohnungs- und Immobilienunternehmen e. V.: *Genossenschaften*. Online unter: https://www.gdw.de/der-gdw/unternehmenssparten/genos senschaften/, abgerufen am 10.05.2022.

26 Für eine gute Übersicht siehe Trautvetter, Christoph: *Immobilienmärkte (be-)steuern*. In: Info Steuergerechtigkeit, Nummer 19, Berlin, 2020.

27 Die Differenz der im SGB-II-Satz eingerechneten Anteile für Unterkunft und Heizung und der tatsächlichen Kosten – die soge-

nannte Wohnkostenlücke – beträgt 460 Millionen Euro. Das sind im Schnitt 93 Euro pro Monat und Bedarfsgemeinschaft, die aus den Regelbedarfen privat beigesteuert werden müssen – ein Anstieg um acht Prozent gegenüber 2019 und 20 Prozent gegenüber 2017 (Deutscher Bundestag: *Schriftliche Fragen.* Drucksachennummer 20/1184. 2022, S. 50f.).

28 Trautvetter, Christoph: *Immobilienmärkte (be-)steuern.* In: Info Steuergerechtigkeit, Nummer 19, Berlin, 2020, S. 13.

29 Jarass, Lorenz; Obermair, Gustav M.: *Steuerliche Aspekte von Private-Equity- und Hedge-Fonds unter Berücksichtigung der Unternehmenssteuerreform 2008.* Edition der Hans-Böckler-Stiftung 202, Düsseldorf, 2007, S. 124.

30 Trautvetter, 2020, S. 14.

31 Franz-Josef-Strauß auf dem Parteitag der *CSU* am 3./4. Juli 1970, zitiert nach Vorstand der *SPD*, 1973, S. 1006.

32 Siehe Fußnote 199 sowie Lay, Caren, 2019.

33 Das BBSR spart diesen Faktor bei der Analyse ihrer Zahlen freilich aus. Bundesinstitut für Bau-, Stadt- und Raumforschung: *Baufertigstellungen und Bauüberhänge.* Fachbeitrag 13.09.2021, online unter: https://www.bbsr.bund.de/BBSR/DE/forschung/fachbeitraege/wohnen-immobilien/bautaetigkeit/wohnungsbaufertigstellungen/wohnungsbaufertigstellungen.html, abgerufen am 16.05.2022.

34 Vorstand der *SPD*, 1973, S. 976.

35 Martel, Andrea: *Anpassung der Lex Koller: Der Ständerat hat das Vorhaben zu Recht versenkt.* In: *Neue Züricher Zeitung*, 15.03.2022, online unter: https://www.nzz.ch/meinung/immobilien-lex-koller-anpassung-im-staenderat-zu-recht-abgelehnt-ld.1674451, abgerufen am 13.05.2022.

36 Löhr, Julia: *Berlin will den Immobilienkauf für Ausländer einschränken.* In: *FAZ*, 27.08.2018, online unter: https://www.faz.net/aktuell/wirtschaft/berlin-erwaegt-den-immobilienkauf-fuer-auslaender-einzuschraenken-15757600.html, abgerufen am 13.05.2022.

37 Bundesinstitut für Bau-, Stadt- und Raumforschung (BBSR): *Ausländische Personen als Käufer auf dem deutschen Wohnungsmarkt.* 2019, online unter: https://www.bbsr.bund.de/BBSR/DE/forschung/programme/refo/wohnungswesen/2019/auslaendische-kaeufer/01-start.html, abgerufen am 13.05.2022.

38 Statista: *Investmentmarkt für Wohnimmobilien – Transaktionsvolumen in Deutschland bis 2021.* 2022, online unter: https://de.statista.com/statistik/daten/studie/261201/umfrage/transaktionsvolumen-auf-dem-investmentmarkt-fuer-wohnimmobilien/, abgerufen am 16.05.2022.

39 Deutscher Bundestag – Wissenschaftliche Dienste: *Fonds und weitere Akteure auf dem Immobilienmarkt im In- und Ausland.* WD 4 -3000 – 035/21, Berlin, 2021, S. 54.

40 Klinski, Stefan: *Ausschluss kapitalmarktbasierter und unseriöser Unternehmen vom Wohnungsmarkt: Ist das durch Landesrecht regelbar?.* In: Wohnungswirtschaft und Mietrecht, 75. JG, Heft 4, April 2022.

41 Ebd.

42 Trautvetter, 2020, S. 9.

43 Joswig, Gareth: *Reich und unbehelligt.* In: *taz,* 04.04.2022, online unter: https://taz.de/Reich-und-unbehelligt/!5843083, abgerufen am 16.05.2022.

44 Schönball, Ralf: *Höhere Hürden für Geldwäsche-Ermittlungen in Berlin durch Bundesgesetz.* In: *Der Tagesspiegel,* 24.06.2021, online unter: https://www.tagesspiegel.de/berlin/lobby-scheint-sich-durchgesetzt-zu-haben-hoehere-huerden-fuer-geldwaesche-ermittlungen-in-berlin-durch-bundesgesetz/27361368.html, abgerufen am 03.05.2022.

45 Zydra, 2019.

46 Piketty, 2020, S. 900.

47 Ernst & Young: Deutscher *Immobilienmarkt erholt sich von Corona.* 12.01.2022, online unter: https://www.ey.com/de_de/news/2022-pressemitteilungen/01/ey-re-trendbarometer-2022, abgerufen am 16.05.2022.